I 6 41 3 62

Marie Antoinette allant à l'échafaut

PROCÈS

DE
MARIE-ANTOINETTE,

ci-devant Reine des Français,

OU

RECUEIL EXACT

De tous ses interrogatoires, réponses, dépositions des témoins,

SUIVI

*De plusieurs anecdotes sur sa mort, qui
eut lieu le 16 Octobre, stile esclave, ou
le vingt-cinquieme jour du premier mois
de la seconde année de la République
Française, sur la place de la Révolution.*

La justice du peuple est terrible
Sa clémence est extrême.

A PARIS,

Chez Basset, rue St-Jacques au coin de celle
des Mathurins.
    Chez Prévost, Éditeur, au Palais de justice.
    Chez la citoyenne Lefevre, rue Percée.
    Et chez tous les marchands de nouveautés

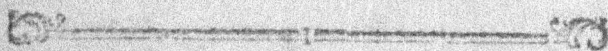

PROCÈS

DE

MARIE-ANTOINETTE.

Du 23 du 1er. mois, l'an 2 de la république.

INTERROGÉE de ses noms, surnoms, âge, qualités, lieu de naissance & demeure ;

A répondu se nommer Marie-Antoinette Lorraine d'Autriche, âgée d'environ 38 ans, veuve du roi de France, née à Vienne, se trouvant lors de son arrestation dans le lieu des séances de l'Assemblée Nationale.

Le greffier donne lecture de l'acte d'accusation, dont la teneur suit.

Antoine-Quentin Fouquier, accusateur-public près le Tribunal Criminel Révolutionnaire, établi à Paris par décret de la Convention Nationale du 10 Mars 1793, l'an deuxième de la République, sans aucun recours au Tribunal de Cassation, en vertu du pouvoir à lui donné par l'article II d'un autre décret de la Convention, du 5 Avril suivant, portant que l'accusateur public dudit tribunal est autorisé à faire arrêter, poursuivre & juger, sur la dénonciation des autorités constituées ou des Citoyens ;

A

Expose que suivant un décret de la Convention du premier Août dernier, Marie-Antoinette, veuve de Louis Capet, a été traduite au Tribunal Révolutionnaire, comme prévenue d'avoir conspiré contre la France; que par autre décret de la Convention, du 3 Octobre, il a été décrété que le Tribunal révolutionnaire s'occuperoit sans délai & sans interruption du jugement; que l'accusateur public a reçu les pièces concernant la veuve Capet, les 19 & 20 du premier mois de la seconde année, vulgairement dits 11 & 12 Octobre courant mois; qu'il a été aussitôt procédé, par l'un des juges du tribunal, à l'interrogatoire de la veuve Capet; qu'examen fait de toutes les pièces transmises par l'accusateur public, il en résulte qu'à l'instar des messalines Brunehaut, Frédégonde & Médicis, que l'on qualifioit autrefois de reines de France, & dont les noms à jamais odieux ne s'effaceront pas des fastes de l'histoire, Marie-Antoinette, veuve de Louis Capet a été depuis son séjour en France le fléau & la sang-sue des Français; qu'avant même l'heureuse révolution qui a rendu au peuple Français sa souveraineté, elle avoit des rapports politiques avec l'homme qualifié de roi de Bohème & de Hongrie; que ces rapports étoient contraires aux intérêts de la France; que non contente, de concert avec les frères de Louis Capet, & l'infâme & exécrable Calonne, d'avoir dilapidé les Finances de la France (fruits des sueurs du peuple,) pour satisfaire à des plaisirs désordonnés, & payer les agens de ses intrigues criminelles ; il est notoire qu'elle a fait passer, à différentes époques, à l'empereur, des millions qui lui ont servi & lui servent encore à soutenir la guerre contre la République, & que c'est par ces dilapidations excessives qu'elle est parvenue à épuiser le trésor national.

Que depuis la révolution, la veuve capet n'a cessé un seul instant d'entretenir des intelligences & des correspondances criminelles & nuisibles à la France, avec les puissances étrangeres & dans l'intérieur de la République, par des agens à elle affidés, qu'elle soudoyoit & faisoit soudoyer par le ci-devant trésorier de la liste ci-devant civile ; qu'à différentes époques, elle a usé de toutes les manœuvres qu'elle croyoit propres à ses vues perfides, pour opérer une contre-révolution ; d'abord ayant, sous prétexte d'une réunion nécessaire entre les ci-devant gardes du corps & les officiers & soldats du régiment de Flandres, ménagé un repas entre ces deux corps, le premier Octobre 1789, lequel est dégénéré en une véritable orgie, ainsi qu'elle le désiroit, & pendant le cours de laquelle les agens de la veuve capet, secondant parfaitement ses projets contre-révolutionnaires, ont amené la plûpart

A 2

des convives à chanter dans l'épanchement
de l'ivresse, des chansons exprimant le
plus entier dévouement pour le trône &
l'aversion la plus caractérisée pour le peuple,
& de les avoir insensiblement amenés à ar-
borer la cocarde blanche & à fouler aux pieds
la cocarde nationale, & d'avoir, par sa présence, autorisé tous ces excès contre-révolutionnaires, surtout en encourageant les
femmes qui l'accompagnoient, à distribuer les
cocardes blanches aux convives; d'avoir, le
4 du mois d'Octobre, témoigné la joie la
plus immodérée de ce qui s'étoit passé à
cette orgie.

En second lieu, d'avoir, conjointement
avec Louis Capet, fait imprimer & distribuer
avec profusion, dans toute l'étendue de la
République, des ouvrages contre-révolutionnaires, de ceux même adressés aux conspirateurs d'outre-Rhin, ou publiés en leur
nom, tels que les *pétitions aux émigrans*,
*la réponse des émigrans, les émigrans au
peuple, les plus courts folies sont les meil-
leures, le journal à deux liards, l'ordre,
la marche & l'entrée des émigrans*; d'avoir
même poussé la perfidie & la dissimulation
au point d'avoir fait imprimer & distribuer
avec la même profusion des ouvrages dans
lesquels elle étoit dépeinte sous des couleurs
peu avantageuses, qu'elle ne méritoit déjà
que trop en ce tems, & ce, pour donner le
change, & persuader aux puissances étrange-

res qu'elle étoit maltraitée des Français, &
les animer de plus contre la France; que
pour réussir plus promtement dans ses projets contre-révolutionnaires elle avoit, par
ses agens, occasionné dans Paris & les en-
virons, les premiers jours d'Octobre 1789,
une disette qui a donné lieu à une nouvelle
insurrection, à la suite de laquelle une foule
innombrable de citoyens & de citoyennes
s'est portée à Versailles, le cinq du même
mois; que ce fait est prouvé d'une manière
sans réplique par l'abondance qui a régné le
lendemain même de l'arrivée là de veuve
Capet à Paris & de sa famille.

Qu'à peine arrivée à Paris, la veuve Capet,
féconde en intrigues de tout genre, a formé
des conciliabules dans son habitation: que ces
conciliabules, composés de tous les contre-
révolutionnaires & intrigans des assemblées
constituante & législative, se tenoient dans
les ténèbres de la nuit; que l'on y avisoit
aux moyens d'anéantir les droits de l'homme,
& les décrets déja rendus, qui devoient
faire la base de la constitution, que c'est dans
ces conciliabules qu'il a été délibéré sur les
mesures à prendre pour faire décréter la révision des décrets qui étoient favorables au
peuple; qu'on a arrêté la fuite de Louis Capet, de la veuve Capet & de toute la famille,
sous des noms supposés, au mois de Juin
1791, tentée tant de fois & sans succès, à

A 3

différentes époques; que la veuve Capet con‑
vient dans son interrogatoire que c'est elle qui
a tout ménagé & tout préparé, pour effectuer
cette évasion, & que c'est elle qui a ouvert
& fermé les portes de l'appartement par où
les fugitifs sont passés; qu'indépendamment
de l'aveu de la veuve Capet à cet égard, il
est constant, d'après les déclarations de Louis
Charles Capet, & de la fille Capet, que La‑
fayette, favori sous tous les rapports de la
veuve Capet, & Bailly, lors maire de Paris,
étoient présents au moment de cette évasion,
& qu'ils l'ont favorisée de tout leur pouvoir,
que la veuve Capet, après son retour de Va‑
rennes, a recommencé ces conciliabules;
qu'elle les présidoit elle-même, & que, d'in‑
telligence avec son favori Lafayette, l'on a
fermé les Tuilleries, & privé par ce moyen
les citoyens d'aller & venir librement dans
les cours & le ci-devant château des Tuille‑
ries; qu'il n'y avoit que les personnes munies
de cartes qui eussent leur entrée; que
cette clôture présentée avec emphase par le
traître Lafayette comme ayant pour objet de
punir les fugitifs de Varennes, étoit une
ruse imaginée & concertée dans ces conci‑
liabules ténébreux pour priver les citoyens
des moyens de découvrir ce qui se tramoit
contre la liberté dans ce lieu infâme; que
c'est dans ces mêmes conciliabules qu'a été
déterminé l'horrible massacre qui a eu lieu
le 17 Juillet 1791, des plus zélés patriotes

qui se sont trouvés au champ-de-Mars; que
le massacre qui avoit eu lieu précédemment
à Nancy, & ceux qui ont eu lieu depuis dans
les divers autres points de la république, ont
été arrêtés & déterminés dans ces mêmes conciliabules : que ces mouvemens qui ont fait
couler le sang d'une foule immense de patriotes ont été imaginés pour arriver plutôt & plus
sûrement à la révision des décrets rendus &
fondés sur les droits de l'homme, & qui par
là étoient nuisibles aux vues ambitieuses &
contre-révolutionnaires de Louis Capet & de
Marie Antoinette : que la constitution de 1791
une fois acceptée, la veuve Capet s'est occupée de la détruire insensiblement par toutes les
manœuvres qu'elle & ses agens ont employées
dans les divers points de la république : que
toutes ses démarches ont toujours eu pour
but d'anéantir la liberté, & de faire rentrer
les Français sous le joug tyrannique, sous
lequel ils n'ont langui que trop de siècles :
qu'à cet effet, la veuve Capet a imaginé de
faire discuter dans ces conciliabules ténébreux,
& qualifiés depuis long-tems avec raison de
cabinet Autrichien, toutes les loix qui étoient
portées par l'assemblée législative; que c'est
elle, & par suite de la détermination prise
dans ces conciliabules, qui a décidé Louis Capet à apposer son veto au fameux & salutaire
décret rendu par l'assemblée législative contre
les ci-devant princes, frères de Louis Capet
& les émigrés; & contre cette horde de prê-

tres réfractaires & fanatiques, répandus dans toute la France: *veto* qui été l'une des principales causes des maux qu'a depuis éprouvés la France.

Que c'est la veuve Capet qui faisoit nommer les ministres pervers, & aux places dans les armées & dans les bureaux des hommes connus de la nation entiere pour des conspirateurs contre la liberté; que c'est par ses manœuvres & celles de ses agens, aussi adroits que perfides, qu'elle est parvenue à composer la nouvelle garde de Louis Capet d'anciens officiers qui avoient quitté leurs corps lors du serment exigé, de Prêtres réfractaires & d'étrangers, & enfin de tous hommes réprouvés pour la plupart de la nation, & dignes de servir dans l'armée de Coblents, où un très-grand nombre est en effet passé depuis le licenciement.

Que c'est la veuve Capet, d'intelligence avec la faction liberticide qui dominoit alors l'assemblée législative, & pendant un temps la convention, qui a fait déclarer la guerre au roi de Bohême & de Hongrie son frere; que c'est par ces manœuvres & ses intrigues toujours funestes à la France, que s'est opérée la premiere retraite des Français du territoire de la Belgique.

Que c'est la veuve Capet qui a fait parvenir aux puissances étrangeres les plans de campagne & d'attaque qui étoient convenus dans

le conseil ; de manière que par cette double
trahison, les ennemis étoient toujours instruits
à l'avance des mouvemens que devoient faire
les ennemis de la république : d'où suit la conséquence, que la veuve Capet est l'auteur
des revers qu'ont éprouvés, en différens tems,
les armées françaises.

Que la veuve Capet a médité & combiné
avec ses perfides agens l'horrible conspiration
qui a éclaté dans la journée de 10 Août, laquelle n'a échoué que par les efforts courageux & incroyables des patriotes; qu'à cette
fin elle a réuni dans son habitation, aux Tuilleries, jusques dans des souterrains, les suisses
qui aux termes des décrets, ne devoient plus
composer la garde de Louis Capet ; qu'elle
les a entretenus dans un état d'ivresse depuis
le 9 jusqu'au 10 matin, jour convenu pour
l'exécution de cette horrible conspiration :
qu'elle a réuni également, & dans le même
dessein, dès le 9, une foule de ces êtres qualifiés de chevaliers du poignard, qui avoient
figuré déjà dans ce même lieu, le 23 Février
1791, & depuis, à l'époque du 20 Juin 1792.

Que la veuve Capet craignant sans doute
que cette conspiration n'eût pas tous l'effet
qu'elle s'en étoit promise, a été dans la soirée
du 7 Août, vers les neuf heures & demie du
soir, dans la salle où les suisses & autres
a elle dévoués, travailloient à des cartouches; qu'en même temps qu'elle les encou-
rageoit à hâter la confection de ces cartou-

ches, pour les exciter de plus en plus, elle
a pris des cartouches & a mordu les balles.
(Les expressions manquent pour rendre un
trait aussi atroce. Que le lendemain 10, il
est notoire qu'elle a pressé & sollicité Louis
Capet a aller dans les Tuilleries, vers cinq
heures & demie du matin, passer la revue
des véritables suisses & autres scélérats qui
en avoient pris l'habit, & qu'à son retour
elle lui a présenté un pistolet en disant,
» voilà le moment de vous montrer, » &
que sur son refus, elle l'a traité de lâche;
que quoique dans son interogatoire la veuve
Capet ait persévéré à dénier qu'il ait été
donné aucun ordre de tirer sur le peuple,
la conduite qu'elle a tenue le dimanche 9,
dans la salle des suisses, les conciliabules qui
ont eu lieu toute la nuit & auxquels elle a
assisté, l'article du pistolet, & son propos
de Louis Capet, leur retraite subite des
tuilleries & les coups de fusil tirés au moment même de leur entrée dans la salle de
l'assemblée législative, toutes ces circonstances
réunies ne permettent pas de douter qu'il
n'ait été convenu dans le conciliabule qui a
eu lieu pendant toute la nuit, qu'il falloit tirer sur le peuple, & que Louis Capet &
Marie-Antoinette qui étoit la grande direc-
trice de cette conspiration, n'ait elle-même
donné d'ordre de tirer.

Que c'est aux intrigues & manœuvres perfides de la veuve Capet, d'intelligence avec

cette fiction liberticide, dont il a été déja parlé, & tous les ennemis de la république, que la France est redevable de cette guerre intestine qui la dévore depuis si long-tems, & dont heureusement la fin n'est pas plus éloignée que celle des auteurs.

Que dans tous les tems, c'est la veuve Capet, qui, par cette influence qu'elle avoit acquise sur l'esprit de Louis Capet, lui avoit insinué cet art profond & dangereux de dissimuler & d'agir, & promettre par des actes publics le contraire de ce qu'il pensoit & tramoit conjointement avec elle dans les ténèbres, pour détruire cette liberté si chère aux Français, & qu'ils sauront conserver, & recouvrer ce qu'ils appelloient la plénitude des prérogatives royales.

Qu'enfin la veuve Capet, immorale sous tous les rapports, & nouvelle Agrippine, est si perverse & si familière avec tous les crimes, qu'oubliant sa qualité de mere, & la démarcation prescrite par les loix de la nature, elle n'a pas craint de se livrer avec Louis-Charles Capet son fils, & de l'aveu de ce dernier, à des indécences dont l'idée & le nom seul font frémir d'horreur.

D'après l'exposé ci-dessus, l'accusateur-public a dressé la présente accusation contre Marie Antoinette, se qualifiant dans son interrogatoire de Lorraine d'Autriche, veuve

de Louis Capet, pour avoir méchamment &
à dessein : 1°. de concert avec les frères
de Louis Capet & l'infâme ex-ministre Calonne, dilapidé d'une manière effroyable les
finances de la France, & d'avoir fait passer
des sommes incalculables à l'Empereur, &
d'avoir ainsi épuisé le trésor national.

2°. D'avoir, tant par elle que par ses agens
contre-révolutionnaires entretenu des intelligences & des correspondances avec les ennemis de la république, d'avoir informé &
fait informer ces mêmes ennemis des plans
de campagne & d'attaque, convenus & arrêtés
dans le conseil.

3°. D'avoir, par ses intrigues & manœuvres
& celles de ses agens, tramé des conspirations & des complots contre la sûreté intérieure & extérieure de la France, & d'avoir à cet
effet allumé la guerre civile dans divers points
de la république & armé les citoyens les uns
contre les autres, & d'avoir par ce moyen fait
couler le sang d'un nombre incalculable de
citoyens, ce qui est contraire à l'article IV
de la section première du titre premier de
la seconde section partie du code pénal, & à l'article 2 de la seconde du titre premier du même
code.

En conséquence l'accusateur public requiert
qu'il lui soit donné acte, par le tribunal assem-
blé, de la présente accusation; qu'il soit ordonné qu'il soit diligenté & par un huissier du
tribunal, porteur de l'ordonnance à intervenir,

Marie-Antoinette, se qualifiant de Lorraine d'Autriche, veuve de louis Capet, actuellement détenue dans la maison d'arrêt dite la conciergerie du palais, sera écrouée sur les registres de ladite maison, pour y rester comme en maison de justice; comme aussi que l'ordonnance à intervenir sera notifiée à la municipalité de Paris & à l'accusée. Fait au cabinet de l'accusateur public, le premier jour de la troisième décade du premier mois de l'an second de la république, une & indivisible.

Signé,　　 FOUQUIER.

LE TRIBUNAL, faisant droit sur le requisitoire de l'Accusateur public, lui donne acte de l'accusation par lui portée contre Marie-Antoinette, dite Lorraine d'Autriche, veuve de Louis Capet ;

En conséquence, ordonne qu'à sa diligence & par un huissier du tribunal, porteur de la présente ordonnance, ladite Marie-Antoinette, veuve de Louis Capet, sera prise au corps, arrêtée & écrouée sur les registres de la maison d'arrêt, dite de la conciergerie : à Paris, où elle est actuellement détenue, pour y rester comme en maison de justice; comme aussi que la présente ordonnance sera notifiée, tant à la municipalité de Paris qu'à l'accusée.

Fait & jugé au tribunal, le second jour de

B

la troisième décade du premier mois de l'an second de la république, Amand-Martial-Joseph HERMAND, Étienne FOUCAULT, Gabriel Toussaint SCELLIER, Pierre-André COFFINHAL, Gabriel DELIEGE, Pierre-Louis RAGMEY, Antoine-Marie MAIRE, François-Joseph DENIZOT, Étienne MAÇON, tous juges du tribunal, qui ont signé.

Le Président à l'accusée. Voilà ce dont on vous accuse : prêtez une oreille attentive; vous allez entendre les charges qui vont être portées contre vous.

On procède à l'audition des témoins.

Laurent Lecointre, député à la convention nationale, dépose connoître l'accusée, pour avoir été autrefois la femme du ci-devant roi de France, & encore pour être celle qui, lors de sa translation au Temple, l'avoit chargé de présenter une réclamation à la convention, à l'effet d'obtenir pour ce qu'elle appelloit son service, treize ou quatorze personnes qu'elle désignoit : la convention passa à l'ordre du jour, motivé sur ce qu'il falloit s'adresser à la municipalité.

Le déposant entre ensuite dans des détails de fêtes & orgies, qui eurent lieu dans la ville de Versailles depuis l'année 1779, jusqu'au commencement de celle de 1789 dont le résultat a été une dilapidation effroyable dans les finances de la France.

Le témoin donne des détails de ce qui a
précédé & suivi les assemblées des notables
jusqu'à l'époque de l'ouverture des états-gé-
néraux, l'état où se trouvoient les généreux
habitans de Versailles, leurs perplexités dou-
loureuses à l'époque du 23 Juin 1793, où
les artilleurs de Nassau, dont l'artillerie étoit
placée dans les écuries de l'accusée, refuse-
rent de faire feu sur le peuple. Enfin les
parisiens ayant secoué le joug de la tyrannie,
ce mouvement révolutionnaire ranima l'ener-
gie des francs Versailliens; ils formerent le
projet très-hardi & courageux sans doute,
de s'affranchir de l'oppression du despote &
de ses agens.

Le 18 Juillet, les citoyens de Versailles
formerent le vœu de s'organiser en gardes
nationales, à l'instar de leurs freres de Paris;
on proposa néanmoins de consulter le roi:
l'intermédiaire étoit le ci-devant prince de
Poix: on chercha à traîner les choses en lon-
gueur; mais l'organisation ayant eu lieu, on
forma un état major: d'Estaing fut nommé
commandant-général, Gouvernet commandant en second, &c. &c.

Le témoin entre ici dans les détails des
faits qui ont précédé & suivi l'arrivée du régiment de Flandres. Le 29 septembre, l'accusée fit venir chez elle les officiers de la
garde nationale, & leur fit don de deux drapeaux: il en restoit un troisieme, lequel on

B 2

leur annonça être destiné pour un bataillon
de prétendue garde soldée, à l'effet, disoit-
on, de soulager les habitans de Versailles
que l'on sembloit plaindre en les cajolant
tandis qu'd'un autre côté ils étoient abhorrés,

Le 29 septembre 1789, la garde nationale
donna un repas à ses braves frères, les soldats du régiment de Flandres; les journalistes
ont rendu compte dans le tems que dans le
repas des citoyens il ne s'étoit rien passé de
contraire aux principes de la liberté, tandis
que celui du premier octobre suivant, donné
par les gardes du corps, n'eut pour but que
de provoquer la garde nationale contre les
soldats ci-devant de Flandres & les chasseurs
des trois évéchés.

L'accusée s'est présentée dans ce dernier repas avec son mari, qu'ils y furent vivement
applaudis, que l'air ô *Richard*, ô *mon Roi*,
y fut joué, que l'on y but à la santé du roi,
de la reine & de son fils, mais que la santé
de la nation qui avoit été proposée fut rejettée, on se transporta au château de la ci-
devant cour dite de Marbre, & là, pour donner au roi vraisemblablement une idée de la
manière avec laquelle on étoit disposé à défendre les intérêts de sa famille, si l'occasion
s'en présentoit, le nommé Perceval, aide-
de-camp de d'Etaing, monta le premier,
après lui ce fut un grenadier du régiment de
Flandre; un troisieme, dragon, ayant aussi

essayé d'escalader ledit balcon & n'ayant pu
y réussi, voulut se détruire; quant audit
Perceval, il ôta la croix dont il étoit décoré
pour en faire don au grenadier, qui comme
lui avoit escaladé le balcon du ci-devant roi.

Le tribunal ordonne qu'il sera décerné un
mandat d'amener contre Perceval & d'Estaing.

Le 3 Octobre, même mois, les gardes du
corps donnèrent un second repas : ce fut la
où les outrages les plus violens furent faits à
la cocarde nationale, qui fut foulée aux
pieds, &c. &c.

Les 5 & 6 Octobre. Nous nous dispense-
rons d'en rendre compte, attendu que ces
mêmes faits ont déjà été imprimés dans le
recueil des dépositions reçues au ci-devant
chatelet de Paris sur les événemens des 5 &
6 Octobre, & imprimées par les ordres de
l'assemblée constituante (*).

Dans la journée du 5 Octobre, d'Estaing
instruit des mouvemens qui se manifestoient
dans Paris se transporta à la municipalité de
Versailles, à l'effet d'obtenir la permission
d'emmener le ci-devant roi qui pour lors
étoit à la chasse, (& qui vraisemblablement ignoroit ce qui se passoit;) avec promesse de la part d'Estaing de le ramener
lorsque la tranquilité seroit rétablie.

Le témoin dépose sur le bureau les pièces
concernent les faits contenus dans sa déposition; elles demeureront jointes au procès.

Avez-vous quelques observations à faire ser la déposition du témoi .

R. Je n'ai aucune connoissance de la majeure partie des faits dont parle le témoin. Il est vrai que j'ai donné deux drapeaux à la garde nationale de Versailles. Il est vrai que nous avons fait le tour de la table le jour du repas des gardes-du-corps, mais voila tour.

Vous convenez avoir été dans la salle des ci-devant gardes du corps, y étiez-vous lorsque la musique a joué l'air : ô Richard; ô mon roi ? R. Je ne m'en rappelle pas.

Y étiez-vous lorsque la santé de la nation fut proposée & rejettée ?

R. Je ne le crois pas.

Il est notoire que le bruit de la France entiere, à cette époque, étoit que vous aviez visité vous même les trois corps armés qui se trouvoient à Versailles, pour les engager à défendre ce que vous appelliez les prérogatives du trône ?

R. Je n'ai rien à répondre.

Avant le 14 Juillet 1789, ne teniez-vous point des conciliabules nocturnes ou assistoit la Polignac, & n'étoit ce point la que l'on délibéroit sur les moyens de faire passer des fonds à l'empereur ?

R. Je n'ai jamais assisté à aucuns conciliabules.

Avez-vous connaissance du fameux lit de

justice tenu par Louis Capet au milieu des représentans du peuple.

R. Oui.

N'étoit-ce pas Desprésménil & Thourer, assistés de Barentin, qui rédigèrent les articles qui furent proposés?

R. J'ignore absolument ce fait.

Vos réponses ne sont point exactes, car c'est dans vos appartemens que les articles ont été rédigés?

R. C'est dans le conseil où cette affaire a été arrêtée.

Votre mari ne vous a-t-il point lu le discours une demie heure avant que d'entrer dans la salle des représentans du peuple, & ne l'avez-vous point engagé à le prononcer avec fermeté.

R. Mon mari avoit beaucoup de confiance en moi, & c'est ce qui l'avoit engagé à m'en faire lecture; mais je ne me suis permise aucunes observations.

Quelles furent les délibérations prises pour faire entourer les représentans du peuple de bayonnettes, & pour en faire assassiner la moitié, s'il avoit été possible.

R. Je n'ai jamais entendu parler de pareille chose.

Vous n'ignoriez pas sans doute qu'il y avoit des troupes au Champ-de-Mars : vous deviez savoir la cause de leur rassemblement,

R. Oui, j'ai su dans le tems qu'il y en avoi ; mais j'ignore absolument quel en étoit le motif.

Mais ayant la confiance de votre époux, vous ne deviez pas ignorer quelle en étoit la cause.

R. C'étoit pour rétablir la tranquilité publique.

Mais à cette époque, tout le monde étoit tranquille, il n'y avoit qu'un cri, celui de la liberté. Avez-vous connoissance du projet du ci-devant comte d'artois pour faire sauter la salle de l'Assemblée Nationale ; ce plan ayant paru trop violent, ne l'a-t-on pas engagé à voyager, dans la crainte que, par sa présence & son étourderie, il ne nuisît an projet que l'on avoit conçu, qui étoit de dissimuler jusqu'au moment favorable aux vues perfides que l'on se proposoit.

R. Je n'ai jamais entendu parler que mon frere d'Artois eût le dessein dont vous parlez. Il est parti de son plein gré pour voyager.

A quelle époque avez-vous employé les sommes immenses qui vous ont été remises par les differens controleurs des finances ?

R. On ne m'a jamais remis de sommes immenses, celles que l'on m'a remises ont été par moi employées pour payer les gens qui m'étoient attachés.

Pourquoi la famille Polignac & plusieurs autres ont-elles été par vous gorgées d'or.

R Elles avoient des places à la cour qui leur procuroient des richesses.

Le repas des gardes du corps n'ayant pû avoir lieu qu'avec la permission du roi, vous avez dû nécessairement en connoître la cause?

R On a dit que c'étoit pour opérer leur réunion avec la garde Nationale.

Comment connoissez-vous Perceval?

R. Comme un aide-de-Camp de M. d'Estain.

Savez-vous de quels ordres il étoit décoré?

R Non.

L'Accusateur Public requiert, & le tribunal ordonne un mandat d'amener contre le O. Rollin, Sergent-Major des Suisses de la caserne Poissonniere.

On entend un autre témoin.

Jean-Baptiste Lapierre âgé de 44 ans, adjudant-général par intérim de la quatrieme division, dépose des faits relatifs à ce qui s'est passé au ci-devant château des tuileries, dans la nuit du 20 au 21 Juin 1791, ou lui déposant se trouvoit de service, il a vu dans le courant de la nuit, un grand nombre de particuliers à lui inconnus, qui alloient & venoient du château dans les cours & des cours au château; parmi ceux qui ont fixé son attention, il a reconnu Barré, homme de letres.

N'eſt-il pas à votre connoiſſance qu'apres le retour de Varennes le Barré dont vous parlez se rendoit tous les jours au château, où il paroît qu'il étoit bien venu, & n'eſt-ce pas lui qu provoqua du trouble au théâtre du Vaudeville ?

R. Je ne peux pas affirmer ce fait.

Le préſident à l'accuſée. Loisque vous êtes sortie, étoit-ce à pied ou en voiture ?

R. C'étoit à pied ?

Par quel endroit ?

R. Par le carrousel.

Lafayette & Bailly étoient ils au château au moment de votre départ ?

R. Je ne le crois pas.

N'êtes-vous point descendu par l'appartemens d'une de vos femmes.

J'avais à la vérité, sous mes appartemens une femme de garde-robe.

Comment nommez vous cette femme ?

R. Je ne m'en rappelle pas.

N'eſt-ce point vous qui avez ouvert les portes ?

R. Oui.

Lafayette n'eſt il point venu dans l'appartemens de Louis Capet ?

R. Non.

A quelle heure êtes-vous partie i

R A onze heures trois quarts.

Avez-vous vu Bailly au château ce jour là ?

R. Non.

On entend un autre témoin.

N.. Rouffillon, chirurgien & canonnier, dépose que le 10 Août 1792, étant entré au château des thuileries, dans l'appartement de l'accusée qu'elle avoit quitté peu d'heures avant, il trouva sous son lit des bouteilles les unes pleines, les autres vuides ; ce qui lui donna lieu de croire qu'elle avoit donné à boire, soit aux officiers des fuisses, soit aux chevaliers du poignard qui rempliffoient le château.

Le témoin termine en reprochant à l'accusée d'avoir été l'instigatrice des maffacres qui ont eu lieu dans divers endroits de la France, notamment a Nancy & au champ-de-Mars ; comme auffi d'avoir contribué à mettre la France à deux doits de sa perte, en faisant paffer des fommes immenses à son frere, (le ci-devant roi de Bohême & de Hongrie) pour soutenir la guerre contre les Turcs & lui faciliter enfuite les moyens de faire un jour la guerre à la France ; c'eft-à-dire à une nation généreuse qui la nourissoit ainsi que son mari & sa famille.

Le déposant obferve qu'il tient ce fait d'une bonne citoyenne, excellente patriote, qui a fervi à Verfailles fous l'ancien régime, & à qui un favori de la ci-devant cour en a fait confidence;

Sur l'indication faite par le témoin de la demeure de cette citoyenne, le tribunal, d'après le réquifitoire de l'accufateur-public,

ordonne qu'il sera à l'instant décerné contre
elle un mandat d'amener, à l'effet de venir
donner au tribunal les renseignemens qui peuvent être à sa connoissance.

Le président à l'accusée. Avez-vous
quelques observations à faire contre la déposition du témoin ?

R. J'étois sortie du château & ignore ce
qui s'y est passé.

N'avez-vous point donné de l'argent pour
faire boire les suisses ?

R. Non.

N'avez-vous point dit en sortant, à un
officier suisse : buvez mon ami, je me re-
commande à vous ?

R. Non.

Où avez-vous passé la nuit du 9 au 10
Août dont on vous parle ?

R. Je l'ai passée avec ma sœur (Elisabeth)
dans mon appartement, & ne me suis point
couchée.

Pourquoi ne vous êtes-vous point couchée ?

R. Parce qu'à minuit nous avons entendu
le tocsin sonner de toutes parts, & que l'on
nous annonça que nous allions être attaqués.

N'est-ce point chez vous que se sont as-
semblés les ci-devant nobles & les officiers
suisses qui étoient au château, & n'est-ce
point

point là que l'on a arrêté de faire feu fur
le peuple ?

R. Perfonne n'eſt entré dans mon appartement.

N'avez-vous pas dans la nuit été trouver,
le ci-devant roi ?

R. Je ſuis reſtée dans ſon appartement
jusqu'à une heure du matin.

Vous y avez vu fans doute tous les chevaliers du poignard & l'état-major des Suiſſes
qui y étoient.

R. J'y ai vu beaucoup de monde.

N'avez-vous rien vu écrire fur la table du
ci-devant roi ?

R. Non.

Eriez-vous avec le roi, lors de la revue
qu'il a faite dans le jardin ?

R. Non

N'étiez-vous point pendant ce tems à votre
fenêtre. R. Non.

Pétion étoit-il avec Rœderer dans le château ?

R. Je l'ignore.

N'avez-vous point eu un entretien avec
d'Affri dans lequel vous l'avez interpellé de
s'expliquer ſi l'on pouvoit compter fur les
suisses, pour faire feu fur le peuple, & fur
la réponse négative qu'il vous fit, n'avez-vous
pas employé tour-à-tour les cajolemens & les
menaces ?

R. Je ne crois pas avoir vu d'Affry ce
jour-là.

C

Depuis quel tems n'aviez-vous vu d'Affry?

R. Il m'est impossible de m'en rappeler en ce moment.

Mais lui avez-vous demandé si l'on pouvoit compter sur les suisses?

R. Je ne lui ai jamais parlé de cela.

Vous niez donc que vous lui ayez fait des menaces.

R. Jamais je ne lui en ai fait aucunes.

L'accusateur public observe que d'Affry, après l'affaire du 10 août, fut arrêté & traduit par devant le tribunal du 17, & que là il ne fut mis en liberté que parce qu'il prouva que n'ayant point voulu participer à ce qui se tramoit au château, vous l'aviez menacé, ce qui l'avoit forcé de s'en éloigner.

Un autre témoin est entendu.

Jacques-René Hébert, substitut du procureur de la commune, dépose qu'en sa qualité de membre de la commune du 10 Août, il fut chargé de différentes missions importantes, qui lui ont prouvé la conspiration d'Antoinette; notamment un jour au temple, il a trouvé un livre d'église à elle appartenant, dans lequel étoit un de ces signes contre-révolutionnaires, consistant en un cœur enflammé, traversé par une flèche, sur lequel étoit écrit : *jesu, miserere nobis*. Une autre fois, il trouva dans la chambre d'Élisabeth un chapeau, qui fut reconnu pour avoir appartenu à Louis Capet; cette découverte

ne lui permit plus de douter qu'il existat par
mi ses collegues qu'elques hommes dans le
cas de se degrader au point de servir la ty-
ranie. Il se rapelle que Toulan étoit entré
un jour avec son chapeau dans la tour, &
qu'il en étoit sorti nue-tête, en disant qu'il
l'avoit perdu ; il ajoute que Simon lui ayant
fait savoir qu'il avoit quelque chose d'important à lui communiquer, il se rendit au
temple accompagné du maire & du procureur
de la commune ; ils y reçurent une déclaration de la part du jeune Capet, de laquelle
il résulte, qu'à l'époque de la fuite de Louis
Capet à Varennes, Lafayette étoit un de ceux
qui avoient le plus contribué à la facilité ;
qu'ils avoient pour cet effet passé la nuit au
château ; que pendant leur séjour au temple,
les détenues n'avoient cessé pendant long tems
d'être instruites de ce qui se passoit à l'ex-
térieur ; on leur faisoit passer des correspondances dans les hardes & souliers ; le petit
Capet nomma treize personnes comme étant
celles qui avoient en parti coopéré à entretenir ces intelligences ; que l'un deux l'ayant
enfermé avec sa sœur dans une tourelle ; il
entendit qu'il disoit à sa mère je vous procure-
rai les moyens de savoir des nouvelles en envoyant tous les jours un colporteur crier près de
la tour le journal du soir. Enfin le jeune Capet,
dont la constitution phisique dépérissoit chaque
jour, fut surpris par Simon dans des pollu-
tions indécentes, & funestes pour son tempé-

rament : que celui-ci lui ayant demandé qui
lui avoit appris ce manege criminel, il répen-
dit que c'étoit à sa mere & à sa tante qu'il
étoit redevable de la connoissance de cette ha-
bitude funeste. De la déclaration, observe le
déposant, que le jeune Capet a faite, en
présence du maire de Paris & du procureur
de la commune, il résulte que ces deux femmes le faisoient souvent coucher entre elles
d'eux, que là il se commettoit des traits de la
débauche la plus effrénée ; qu'il n'y avoit pas
même à douter, par ce qu'a dit le fils Capet,
qu'il n'y ait eu un acte incestueux entre la
mère & le fils.

Il y a lieu de croire que cette criminelle
jouissance n'étoit point dictée par le plaisir ;
mais bien par l'espoir politique d'énerver
le physique de cet enfant, que l'on se plaisoit
encore à croire destiné à occuper un trône ;
& sur lequel on vouloit par cette manœuvre
s'assurer le droit de régner alors sur son moral.
Que par les efforts qu'on lui fit faire, il est
demeuré attaqué d'une descente, pour laquelle
il a fallu mettre un bandage à cet enfant,
& depuis qu'il n'est plus avec sa mère, il
reprend un tempérament robuste & vigou-
reux.

Le président à l'accusée. Qu'avez-vous
à répondre à la déposition du témoin ?

R. Je n'ai aucune connaissance des faits
dont parle Hébert ; je s'ais seulement que le

cœur dont il parle a été donné à mon fils par sa sœur; à l'égard du chapeau dont il a également parlé, c'est un présent fait à la sœur du vivant du frère.

Les administrateurs Michonis, Jobert, Marinet & Michel, lorsqu'ils se rendoient près de vous, n'amenoient-ils pas des personnes avec eux?

R. Oui, ils ne venoient jamais seuls.

Combien amenoient-ils de personnes chaque fois?

R. Souvent trois ou quatre.

Ces personnes n'étoient-elles point elles-mêmes des administrateurs?

D. Je l'ignore.

Michonis & les autres administrateurs, lorsqu'ils se rendoient près de vous, étoient-ils revêtus de leurs écharpes?

R. Je ne m'en rappelle pas.

Sur l'interpellation faite au témoin Hébert, s'il a connaissance de la manière dont les administrateurs font leur service, il répond ne pas avoir une connaissance exacte; mais il remarque à l'occasion de la déclaration que vient de faire l'accusée, que la famille Capet, pendant son séjour au temple, étoit instruite de tout ce qui se passoit dans la ville; ils connoissoient tous les officiers municipaux qui venoient tous les jours y faire leur service, ainsi que les aventures de chacun d'eux, de

C 3

même que la nature de leurs différente
fonctions

Le citoyen Hébert observe qu'il avoit
échappé à sa mémoire un fait important qui
mérite d'être mis sous les yeux des citoyens
jurés. Il fera connoître la morale de l'accusée
& de sa belle-sœur. Après la mort de Capet,
ces deux femmes traitoient le petit Capet
avec la même déférence que s'il avoit été roi.
Il avoit, lorsqu'il étoit à table, la préséance
sur sa mère & sur sa tante. Il étoit toujours
servi le premier & occupoit le haut-bout.

L'accusée. L'avez-vous vue ?

Hébert. Je ne le l'ai pas vu, mais toute
la municipalité le certifira.

Le président à l'accusée. N'avez-vous pa
éprouvé un tressaillement de joie, en voyant
entrer avec Michonis, dans votre chambre à la
conciergerie, le particulier porteur d'œillet.

R. Étant depuis treize mois renfermée sans
voir personne de connaissance, j'ai tressailli
dans la crainte qu'il ne fut compromis rapport
à moi.

Ce particulier n'a-il pas été un de vos
agens ?

R. Non.

N'étoit-il pas au ci-devant château des tuileries, le 20 Juin ?

R. sans.

Et sans doute aussi dans la nuit du 9 au
10 Août ?

R. Je ne me rappelle pas l'y avoir vu.

N'avez-vous pas eu un entretien avec Michonis sur le compte du particulier porteur de l'œillet ?

Comment nommez-vous ce particulier ?

R. J'ignore son nom.

N'avez-vous pas dit à Michonis que vous craigniez qu'il ne fut pas réélu à la nouvelle municipalité.

R. Oui.

Quel étoit le motif de vos craintes à cet égard ?

R. C'est qu'il étoit humain envers tous les prisonniers.

Ne lui avez-vous pas dit le même jour : c'est peut-être la dernière fois que je vous vois ?

R. Oui.

Pourquoi lui avez-vous dit cela ?

C'étoit pour l'intérêt général des prisonniers.

Un juré. Citoyen président je vous invite à vouloir bien observer à l'accusée qu'elle n'a pas répondu sur le fait dont a parlé le citoyen Hébert, à l'égard de ce qui s'est passé entre elle & son fils.

Le président fait l'interpellation.

L'accusée. Si je n'ai pas répondu, c'est que la nature se refuse à répondre à une pareille inculpation faite à une mere. (La l'accusée paroît vivement émue.) J'en appelle à toutes celles qui peuvent se trouver ici.

On continue l'audition des témoins.

Abraham Silly, notaire, dépose qu'étant de service au ci-devant château des tuileries, dans la nuit du 20 au 21 juin 1791, il vit venir près de lui l'accusée, vers les six heures du soir, laquelle lui dit qu'elle vouloit se promener avec son fils ; qu'il chargea le sieur Laroche de l'accompagner ; que quelque tems après, il vit venir La Fayette cinq ou six fois dans la soirée chez Gouvion ; que celui-ci, vers dix heures, donna l'ordre de fermer les portes, excepté celle donnant sur la cour dite des ci-devant princes ; que le matin ledit Gouvion entra dans l'appartement où se trouvoit lui déposant, & lui dit en se frottant les mains avec une air de satisfaction : ils sont partis ; qu'il lui fut remis un paquet qu'il porta à l'assemblée constituante, dont le citoyen Beauharnois, président, lui donna décharge.

Le président. A quelle heure Lafayette est-il sorti du château, dans la nuit ?

Le témoin. A minuit moins quelques minutes.

Le président à l'accusée. A quelle heure êtes-vous sortie ?

R. Je l'ai déjà dit, à onze heures trois quarts.

Êtes-vous sortie avec Louis Capet ?

R. Non il est sorti avant moi.

Comment est-il sorti?

R. A pied, par la grande porte.

Et vos enfans?

R. ils sont sortis une heure avant avec leu
gouvernante : ils nous ont attendu sur la
place du petit carrousel.

Comment nommez-vous cette gouvernante?

R. De Tourzel.

Quelles étoient les personnes qui étoient
avec vous?

R. Les trois gardes du corps qui nous ont
accompagnés, & qui sont revenus avec nous à
Paris.

Comment étoient-ils habillés?

R. De la même maniere qu'ils l'étoient lors
de leur retour.

Et vous, comment étiez-vous vêtue

R. J'avois la même robe qu'à mon retour.

Combien y avoit-il de personnes instruites
de votre départ?

R. Il n'y avoit que les trois gardes du corps
à Paris qui en étoient instruits ; mais sur la
route, Bouillé avoit placé des troupes, pour
protéger notre départ.

Vous dites que vos enfans sont sortis une
heure avant vous, & que le ci-devant roi est
sorti seul : qui vous a donc accompagné?

R. Un des gardes du corps.

N'avez-vous pas en sortant rencontré La-
fayette?

R. J'ai vu en sortant sa voiture passer au

carrou el , mais je me suis bien gardée de lui parler.

Qui vous a fourni ou fait fournir la fameuse voiture dans laquelle vous êtes partie avec votre famille?

R. C'est un étranger.

Dequelle nation ?

R. Suédoise.

N'est-ce point Fersen , qui demeuroit à Paris, rue du Bacq ? (*)

R. Oui.

Pourquoi avez-vous voyagé sous le nom d'une baronne Russe?

R. Parcequ'il n'étoit pas possible de sortir de Paris autrement.

Qui vous a procuré le passeport?

R. C'est un ministre étranger qui l'avoit demandé.

Pourquoi avez-vous quitté Paris?

R. Parce que le roi vouloit s'en aller.

On entend un autre témoin.

Pierre-Joseph Terrasson, employé dans les bureaux du ministre de la justice, dépose que lors du retour du voyage, connu sous le nom de Varennes, se trouvant sur le perron de ci-devant château des Thuileries, il vit l'accusée descendre de voiture, & jeter sur les gardes nationaux qui l'avoient escortée, ainsi que sur tous les autres citoyens qui se trouvoient sur son passage, le coup-d'œil le plus vindicatif; ce qui fit penser sur le champ à lui déposant, qu'elle se vengeroit, effectivement

quelque tems après arriva la scène du champ
de Mars; il ajoute que Duranthon, étant
ministre de la justice, avec qui il avoit été
très lié à Bordaux, à raison de la même
profession qu'ils y avoient exercé ensemble,
lui dit que l'acusée s'opposoit à ce que le ci-
devant roi donnât sa sanction à differens décrets; mais qu'il luiavoit représenté que cette
affaire étoit plus importante qu'elle ne pensoit, & qu'il étoit meme urgent qu'ils le fus-
sent promptement; que cette observation fit
impression sur l'accusée, & alors le roi sanc-
tionna.

Le président à l'accusée. Avez-vous
quelques observations à faire sur la déposition
du témoin?

R. J'ai à dire que je n'ai jamais assisté
au conseil.

Un autre témoin est entendu.

Pierre Manuel, homme de lettres, dépose
connoître l'accusée, mais qu'il n'a jamais eu
avec elle ni avec la famille Capet aucun
rapport, sinon pendant qu'il étoit procureur
de la commune; qu'il s'est transporté au temple plusieurs fois pour faire exécuter les décrets, que du reste il n'a jamais eu d'entretien particulier avec la femme du ci-devant roi.

Le président au témoin. Vous avez été
administrateur de police?

R. Oui.

Eh bien! en cette qualité, vous devez avoir
eu des rapports avec la cour?

R. C'étoit le maire qui avoit les relations avec la cour.

Sur la journée du 20 Juin, avez-vous quelques détails a donner?

R. Ce jour-là je n'ai quitté mon poste que pendant peu de tems, attendu que le peuple auroit été fâché de ne point y trouver un de ses premiers commettans; je me rendis dans le jardin du château, là je parlai avec divers citoyens, & ne fit aucune fonction de municipal.

Dites ce qui est à votre connoissance sur ce qui s'est passé au château, la nuit du neuf au dix Août.

R. Je n'ai point voulu quitter le poste où le peuple m'avoit placé : Je suis demeuré toute la nuit au parquet de la commune.

Vous étiez très lié avec Pétion : il a du vous dire ce qui s'y passoit.

R. J'étois son ami par fonction & par estime, & si je l'avois vu dans le cas de tromper le peuple & d'être initié dans la coalition du château, je l'aurois privé de mon estime. Il m'avoit à la vérité dit que le château desiroit la journée du 10 août, pour le rétablissement de l'autorité royale.

Avez-vous eu connoissance que les maîtres du château aient donné l'ordre de faire feu sur le peuple?

R. J'en ai eu connoissance par le commandant du poste, bon républicain, qui est venu m'en instruire. Alors j'ai sur-le-champ mandé le commandant général de la force armée, & lui ai, en ma qualité de procureur de la commune, défendu expressément de faire tirer sur le peuple.

Comment se fait-il que vous, qui venez de dire que, dans la nuit du 9 au 10, vous n'avez point quitté le poste où le peuple vous avoit placé, vous ayez depuis abandonné l'honorable fonction de législateurs où sa confiance vous avoit appellé ?

R. Lorsque j'ai vu les orages s'élever dans le sein de la convention, je me suis retiré, j'ai cru mieux faire; je me suis livré à la morale de Thomas Payne, maître en républicanisme; j'ai désiré comme lui de voir établir le regne de la liberté & de l'égalité sur des bases fixes & durables, j'ai pu varier dans les moyens que j'ai proposés, mais mes intentions ont été pures.

Comment, vous vous dites bon républicain, vous dites que vous aimez l'égalité, & vous avez proposé de faire rendre à Pétion des honneurs équivalent à l'étiquette de la royauté ! . . . .

R. Ce n'est point a Pétion, qui n'étois président que pour quinze jours, mais c'étoit au président de la convention nationale à qui je voulois faire rendre des honneurs, & voici comment : je désirois qu'un huissier & un gendarme le précédassent, & que les citoyens des tribunes se levassent à son entrée. Il fut

D

prononcé dans le tems de discours meilleurs que le mien, & je m'y rends.

Connaissez-vous les noms de ceux qui ont averti que Pétion courroit des risques au château ?

R. Non, je crois seulement que ce sont quelques députés qui en ont averti l'assemblée législative.

Pourquoi avez-vous pris sur vous d'entrer seul dans le temple, & surtout dans les appartemens distingués ?

R. Je ne me suis jamais permis d'entrer seul dans les appartemens des prisonniers ; je me suis au contraire toujours fait accompagner par plusieurs des commissaires qui y étoient de service.

Pourquoi avez-vous marqué de la sollicitude pour les valets de l'accusée, de préférence aux autres prisonniers.

R. Il est vrai qu'à la force, la fille Tourzel croyoit sa mere morte, la mere en pensoit autant de sa fille ; guidé par un acte d'humanité : je les ai réunies.

N'avez-vous pas entretenu des correspondances avec Élisabeth Capet.

R. Non.

Le président à l'accusée. N'avez-vous jamais eu au temple d'entretiens particuliers avec le témoin.

R. Non.

Jean-Silvain Bailly, homme de lettres, dépose n'avoir jamais eu de relation avec la famille ci-devant royale ; il proteste que les faits contenus en l'acte d'accusation touchant la déclaration de Charles Capet, sont absolument faux ; il observe à cet égard que lors des jours qui ont précédé la fuite de Louis, le bruit couroit depuis quelques jours qu'il devoit partir, qu'il en fit part à Laffayette, en lui recommandant de prendre à cet égard les mesures nécessaires.

Le président à Jean-Sylvain Bailly.

N'étiez-vous pas en liaison avec Pastoret & Roederer ? (ci-en-procureurs généraux syndics du département de Paris.)

R. Je n'ai eu avec eux d'autres liaisons que celles d'une relation entre magistrats.

N'est-ce pas vous qui, de concert avec Lafayette, avez fondé le club connu sous le nom de 1789 ?

R. Je n'en ai pas été le fondateur, & je n'y fus que parce que des Bretons de mes amis en étoient. Ils m'invitèrent à en être en me disant qu'il n'en coûtoit que cinq louis ; je les donnai & fus reçu : eh bien ! Depuis je n'ai assisté qu'à deux dîners.

N'avez-vous pas assisté aux conciliabules tenus chez le ci-devant la Rochefoucault.

R. Je n'ai jamais entendu parler de conciliabule. Il se peut faire qu'il en existât, mais je n'ai jamais assisté à aucuns.

Si vous n'aviez pas de conciliabules, pourquoi lors du decret du 19 Juin 1790, par lequel l'assemblée constituante voulant donner aux vainqueurs de la bastille le temoignage éclatant de la reconnoissance d'une grande nation, les récompensoit de leur courage & de leur zele, notamment en les plaçant d'une maniere distinguée au milieu de leurs freres dans le champ-de-Mars le jour de la fédération; pourquoi, dis-je, avez-vous excité des troubles entr'eux & leurs freres d'armes les ci-devant gardes françaises, puis ensuite été faire le pleureur à l'assemblée, & les avez forcé de reporter la gratification dont ils avoient été honorés ?

R, Je ne me suis rendu auprès d'eux qu'à la demande de leurs chefs, à l'effet d'opérer la reconciliation des deux partis; c'est d'ailleurs l'un d'eux qui a fait la motion de remettre les decorations dont l'assemblée constituante les avoit honorés, & non pas moi.

Ceux qui ont fait cette motion ayant été reconnus pour vous être attachés en qualité d'espions, les braves vainqueurs en ont fait justice en les chassant de leur sein.

R. On s'est étrangement trompé à cet égard.

N, avez-vous pas prêté les mains au voyage ee S.-Cloud, au mois d'avril; & de concert avec Lafayette, n'avez-vous pas sollicité auprès du département, l'ordre de déployer le drapeau rouge ?

R. non.

Étiez-vous instruit que le ci-devant roi recevoit dans le château un nombre considérable de prêtres réfractaire ?

R. Oui, je me suis même rendu chez le roi à la tête de la municipalité, pour l'inviter de renvoyer les prêtres insermentés qu'il avoit chez lui.

Pourriez-vou indiquer les noms des habitués du château, connu sous le nom de chevaliers du poignard?

R. Je n'en connois aucuns.

A l'époque de la révision de la constitution de 1791, ne vous êtes vous pas réuni avec les Lameth, Barnave, Desarennes, Chapellier & autres fameux réviseurs coalisés, ou pour mieux dire, vendus à la cour pour dépouiller le peuple de ses droits légitimes & ne lui laisser qu'un simulacre de liberté.

R. Lafayette s'est réconcilié avec les Lameth, mais moi je n'ai pu me raccommoder, n'ayant pas été lié avec eux.

Il paroit que vous étiez très-lié avec Lafayette & que vos opinions s'accordoient assez bien?

R. Je n'avois avec lui d'autre intimité que rel tivement à sa place ; du reste, dans le tems, je partageois sur son compte l'opinion de tout Paris.

Vous dites n'avoir jamais assisté à aucun concialiabule, mais comment se fait-il qu'au

D 3

moment où vous vous êtes rendu à l'assemblée constituante, Charles Lameth tira la réponse qu'il vous fit, de dessous son bureau, et la prouve qu'il existoit une criminelle collusion ?

R. L'assemblée nationale avoit par un décret, mandé les accusés constitués, je me suis rendu avec les membres du département & les accusateurs publics. Je ne fis que recevoir les ordres de l'assemblée & ne portai point la parole; ce fut le président du département qui prononça le discours sur l'événement.

N'avez-vous point aussi reçu les ordres d'Antoinette, pour l'exécution du massacre des meilleurs patriotes ?

R. Non; je n'ai été au champ-de-Mars que d'après un arrêté du conseil-général de la commune.

C'étoit avec la permission de la municipalité que les patriotes s'étoient rassemblés au champ-de-Mars, ils en avoient fait leur déclaration au greffe, on leur en avoit délivré un reçu : comment avez-vous pu déployer contr'eux l'infernal drapeau rouge ?

R. Le conseil ne s'est décidé que parceque depuis le matin que l'on avoit été instruit que deux avoient été massacrés au champ-de-Mars, les rapports qui se succédoient devenoient plus alarmans d'heure en heure, le conseil fut trompé, & se décida à employer la force armée.

N'est-ce point le peuple au contraire qui a été trompé par la munie paleté ? ne seroit-ce point e le qui avoit provoqué le rassemblement, a l'effet d'y attirer les meilleurs patriotes, & les égorger ?

R. Non certainement.

Qu'avez-vous fait ces morts, c'est-à-dire, des patriotes qui y ont été assassinés ?

R. La municipalité ayant dressé procès-verbal, les fit transporter dans la cour de l'hôpital militaire, au Gros Caillou, où le plus grand nombre fut reconnu.

A combien s'éditions se montoit-il ?

R. Le nombre en fut déterminé & rendu public par le procès-verbal que la municipalité fit afficher dans le temps ; il y en avoit douze ou treize.

Un Juré. J'observe au tribunal que me trouvant ce jour-là au champ-de-Mars avec mon père, au moment où le massacre commença, je vis, tuer près de la rivière : où je me trouvai, dix-sept à dix-huit personnes des deux sexes ; nous mêmes n'évitâmes la mort qu'en entrant dans la rivière jusqu'au cou.

Le témoin garde le silence.

Le Président à l'accusée. A combien pouvoit se monter le nombre des prêtres que vous aviez au château ?

R. Nous n'avions auprès de nous que les prêtres qui disoient la messe.

Ils étoient insermentés ?

R. La loi permettoit au roi, à cet égard, de prendre qui il vouloit ;

Q. el a été le sujet de vos entretiens sur la route de Varennes en revenant avec Barnave et Pétion à Paris ?

R. On a parlé de choses et d'autres fort indifférentes.

On continue l'audition des témoins.

Jean-Baptiste Hébain, dit Perceval, cidevant employé aux chasses, et actuellement enregistré pour travailler à la fabrication des armes, dépose que le premier octobre 1789 se trouvant à Versailles, il a eu connaissance du premier repas des gardes du corps, mais qu'il n'y a point assisté ; que le 5 du même mois, il a en sa qualité d'aide-de-camp du ci-devant comte d'Estaing, prévenu ce dernier qu'il y avoit des mouvemens dans Paris ; que d'Estaing n'en tint pas compte ; que vers l'après-midi la foule augmenta considérablement ; qu'il a averti d'Estaing pour la seconde fois ; mais qu'il ne daigna pas même l'écouter. (Le témoin entre dans le détail de l'arrivée des Parisiens à Versailles entre onze heures et minuit)

Le *Président*. Ne portiez-vous point à cette époque une décoration ?

R. Je portois le ruban de l'ordre de Limbourg ; j'en avois, comme tout le monde, acheté le brevet moyennant 1500 liv.

N'avez vous point, après l'orgie des gardes du corps, été dans la cour de marbre, et là n'avez-vous pas un des premiers escaladé le balcon du ci-devant roi ?

R. Je me suis trouvé à l'issue du repas des gardes du corps ; et comme ils dirigeaient leurs pas vers le château, je les y ai accompagnés.

Le *Président*, *au témoin Lecointre*,

Rendez compte au tribunal de ce qui est à votre connaissance le témoin présent,

R. Je sais que Perceval a escaladé le balcon de l'appartement du ci-devant roi, qu'il fut suivi par un grenadier du régiment de Flandre ; et qu'arrivé dans l'appartement de Louis Capet, Perceval embrassa, en présence du tyran qui s'y trouvoit, ledit grenadier et lui dit, il n'y a plus de régiment de Flandres, nous sommes tous gardes royales : un dragon des Trois Evêchés ayant essayé d'y monter après eux, et ne pouvant y réussir, voulut se détruire. Le déposant observe que ce n'est point comme témoin oculaire qu'il dépose de ce fait, mais bien d'après le témoin Perceval, qui le même jour lui en fit confidence, et qui par la suite a été reconnu exact. Il invite en conséquence le citoyen Président de vouloir bien interpeller Perceval de déclarer si oui ou non il se rappelle lui avoir tenu les propos du détail dont est question.

Perceval. Je me rappelle avoir vu le citoyen Lecointre, je crois même lui avoir
fait part de l'histoire du balcon ; je sais qu'il
étoit le cinq octobre et le lendemain à la
tête de la garde nationale, en l'absence de
d'Estaing qui étoit disparu.

Lecointre soutient sa déposition sincere
et véritable.

On entend un autre témoin.

Reine Millot, fille domestique, dépose
qu'en 1788, se trouvant de service au grand
commun à Versailles, elle avoit pris sur elle
de demander un ci-devant comte de Coigny,
qu'elle voyoit un jour de bonne humeur :
est-ce que l'empereur continuera toujours à
faire la guerre aux Turcs ? mais, mon Dieu,
cela ruinera la France, par le grand nombre
de fonds que la reine fait passer pour cet
effet à son frere, et qui en ce moment doivent au moins se monter à deux cents millions. Tu ne te trompes pas, répondit-il :
oui, il en coûte déja plus de deux cents
millions, et nous ne sommes pas au bout.

Il est à ma connaissance, ajoute le témoin
qu'après le 23 juin 1789, me trouvant dans
un endroit où étoient des gardes d'Artois &
des officiers de hussards, j'entendis les premiers dire, à l'occasion d'un massacre pro-
jetté contre les gardes françaises, il faut que
chacun soit à son poste & fasse son devoir ;
mais que les gardes-françaises ayant été instruite

a tems de ce qui se tramoit contre eux, enlever
aux autres; mais le projet se trouvant dé-
couvert, il ne put avoir lieu.

J'observe aussi, continue la témoin, avoir
été instruite par différentes personnes que l'accusée ayant conçu le dessein d'assassiner le
duc d'Orléans, le roi qui en fut instruit or-
donna qu'elle fut incontinent fouillée, et à
la suite de cette opération, on trouva sur
elle deux pistolets alors il la fit consigner dans
son appartement pendant quinze jours

L'accusée. Il se peut que j'ai reçu de
mon époux l'ordre de rester quinze jours dans
mon appartement, mais ce n'est pas pour une
cause pareille

Le témoin. Il est à ma connoissance que,
dans les premiers jours d'Octobre 1789, des
femmes de la cour ont distribué à différents
particuliers de Versailles des cocardes blanches.

L'accusée. Je me rappelle avoir entendu
dire que la le demain ou le surlendemain du
repas des gardes du corps des femmes ont
distribué de ces cocardes mais ni moi, ni
mon époux n'avons été les moteurs de pa-
reils désordres.

Le Président. Quelles sont les démarches
que vous avez faites pour les faire punir,
lorsque vous en avez été instruite?

R. Aucune.

On entend un autre témoin.

Jean-Batiste Labén tte dépose qu'il est parfaitement d'accord avec un grand nombre de faits contenus en l'acte d'accusation, il ajoute que trois particuliers sont venus pour l'assassiner au nom de l'accusée.

Le *président à l'accusée*. Listez-vous l'orateur du peuple?

R. Jamais.

François Dufresne, gendarme, dépose s'être trouvé dans la chambre de l'accusée au moment où l'œillet lui fut remis; il a connaissance qu sur ce billet il y avoit écrit que faites-vous ici? Nous avons des bras & de l'argent à votre service.

Magdelaine Rosay, femme Richard, ci-devant concierge de la maison d'arrêt, dite la conciergerie du palais, dépose que le gendarme Gibert lui ayant dit que l'accusée avoit reçu visite d'un particulier, amené par Michonis, administrateur de police, lequel lui avoit remis un œillet dans lequel étoit un billet, qu'aya t pensé qu'il pouvoit compromettre elle déposante, elle en fit part à Michonis, qui lui répondit que jamais il n'amèneroit personne auprès de la veuve Capet.

Toussaint Richard déclare connoître l'accusée pour avoir été mise sous sa garde, depuis le 2 août dernier.

Marie Devaux, femme Arel, dépose avoit resté près de l'accusée à la conciergerie, pendant quarante & un jour; n'a rien vu ni entendu sinon qu'un particulier étoit venu avec Michonis, & lui avoit remis un billet ployé dans un œillet ; qu'elle déposante étoit à travailler & qu'elle a vu revenir ledit particulier une seconde fois dans la journée.

L'accusée. Il est venu deux fois dans l'espace d'un quart-d'heure.

Le président à la témoin. Qui vous a placée près la veuve Capet ?

R. C'est Michonis & Jobert.

Jean Gilbetert, gendarme, dépose du fait de l'ce lit. Il ajoute que l'accusée se plaignoit à eux gendarmes de la nourriture qu'on lui donnoit, mais qu'elle ne vouloit pas s'en plaindre aux administrateurs, qu'à cet égard, il appela Michonis qui étant remonté, il a entendu l'accusée lui dire : je ne vous reverrai donc plus ; oh ! pardonnez-moi, répondit-il, je serai toujours au moins municipal, & en cette qualité, j'aurai droit de vous revoir. Le déposant observe que l'accusée lui a dit avoir des obligations à ce particulier.

L'accusée. Je ne lui ai d'autres obligations que celle de s'être trouvé près de moi le 20 Jui .

Charles-Henri Ert ing ; se disant matelot & soldat.

Sur la demande du président pourquoi il ne prenoit que des qualifications militaires & s'il n'en avoit pas d'autres, a répon u que c'étoient les premières de toutes, qu'il étoit aussi l'eutenant général de terre, d'après un décret de l'assemblée législative qui vouloit qu'il fut susceptible de servir sa patrie sous ces d ux différents rapports.

À lui demandé s'il connoît l'accusée, a répondu, qu'il la connoit depuis qu'elle est e. France, & qu'il a beaucoup à se plaindre d'elle & qu'il croyoit qu'elle l'avoit empeché de recevoir la récompense de ses services, & du sang qu'il avoit répandu en amérique sur la terre de la liberté, & d'être fait maréchal de france. Après avoir laissé échapper : je la déteste & après avoir proféré : » peuple fr n- » çais, je vous demande pardon de ce que » je viens de dire, oui je la déteste ; mais » vous voulez la vérité, je vais vous la » dire «, j'i souvent rappellé les avis onnes par les conseillers de cour, & le refus de l'accusée de suivre ces conseils.

Le président au témoin. En-il à votre con naissance que Louis Ca et & sa famille devoit partir de Versailles le 5 Octobre à Non.

Avez-vous connaissance que les chevaux a ent été mis & ôtes plusieurs fois ?

R Oui, suivant les conseils que recevoit la cour ; mais job erve que la garde nationale n auroit point souffert ce départ.

N'avez-vous pas vous-même fait sortir des chevaux, ce jour-là, pour faire fuire la famille royale ?

Decheppe

R. Non.

Avez-vous connoissance que des voitures ont été arrêtées à la porte de l'orangerie?

R. Oui.

Avez-vous été au château ce jour-là?

R. Oui.

Y avez-vous vu l'accusée?

R. Oui.

Qu'avez-vous entendu au château?

R. J'ai entendu des conseillers de cour, dire à l'accusée que le peuple de Paris alloit arriver pour la massacrer, & qu'il falloit qu'elle partît; à quoi elle avoit répondu avec un grand caractere: si les parisiens viennent ici pour m'assassiner, c'est aux pieds de mon mari que je le serai; mais je ne fuirai pas.

L'accusée. Cela est exact, on vouloit m'engager à partir seule, parce que, disoit-on, il n'y avoit que moi qui couroit des dangers, je fis la réponse dont parle le témoin.

Le président au témoin. Avez-vous connoissance des repas donnés par les ci-devant gardes du corps?

R. Oui.

Avez-vous vu que l'on y a crié vive le roi, & vive la famille royale;

A répondu Oui & que lorsque Lafayette étoit arrivé ... & qu'il avoit témoigné qu'il vouloit avoir affaire au commandant en

E 2

second, & que lui Estaing s'étoit rétiré pour ne reparoître que le matin, & accompagner à cheval la ci-devant famille royale à paris, ainsi qu'il l'avoit promis à la municipalité de versailles

Etiez-vous le 5 Octobre, en votre qualité de commandant général, à la tête de la garde nationale.

R. Je ne l'ai point fait; j'ai simplement traversé un de leurs escadrons pour aller seul me placer au milieu de la foule des parisiens, & parler spécialement aux citoyens de la halle qui le connaissoient, l'écoutèrent & le traitèrent bien.

R. Lorsque j'ai vu le ci-devant roi décidé à souscrire aux vœux de la garde nationale parisienne, & que l'accusée s'étoit même présentée sur le balcon de l'appartement du roi avec son fils pour annoncer au peuple qu'elle alloit partir avec le roi & sa famille pour venir à Paris, j'ai demandé à la municipalité la permission de l'y accompagner

L'accusée convient avoir paru sur le balcon; pour y annoncer au peuple qu'elle alloit partir pour Paris.

Vous avez soutenu n'avoir point mené votre fils par la main, dans le repas des gardes-du-corps;

Il Je n'ai pas dit cela, mais seulement que je ne croyais pas avoir entendu l'air *ô Richard, ô mon roi !*

Le Président au témoin Lecointre. Citoyen, n'avez-vous pas dit dans la déposition que vous avez faite hier, que le déposant ne s'étoit point trouvé le 5 Octobre à la tête de la garde nationale, où son devoir l'appelloit ?

Lecointre. J'affirme que non seulement Estaing ne s'est point trouvé, depuis midi jusqu'à de x heures, à l'assemblée de la garde nationale qui eut lieu ce jour là, cinq Octobre, mais qu'il n'a point paru de la journée, que pendant ce tems, il étoit à la vérité à la municipalité, c'est-a-dire avec la portion des officiers municipaux vendus à la cour; que là il obtint d'eux un ordre ou pouvoir d'accompagner le roi dans sa retraite, sous la promesse de le ramener à Versailles le plutôt possible.

J'observe, continue Lecointre, que les municipaux d'alors trahirent doublement leur devoir, 1°. parce qu'il ne devoit point se prêter à une manœuvre criminelle en favorisant la fuite du ci-devant roi; 2°. c'est que pour prévenir le résultat des événemens, ils eurent grand soin de ne laisser subsister aucuns indices sur les registres qui pussent attester formellement que cette permission ou pouvoir eût été délivré à Des ???

Le témoin. J'observe au citoyen Lecointre qu'il se trompe, ou que du moins il est dans l'erreur, attendu que la permission dont est

E 3

question est datée du 6, & que ce n'est qu'en vertu d'elle que j'ai parti le même jour à onze heures du matin pour accompagner le ci-devant roi à Paris.

Le Cointre. Je persiste à soutenir que je ne suis pas dans l'erreur à cet égard ; je me rappelle très bien que la piece originale que j'ai déposée hier entre les mains du greffier contient en substance que d'Estaing est autorisé à employer les voyes de conciliation avec les Parisiens, & qu'en cas de non-réussite à cet égard, de repousser la force par la force ; les citoyens jurés comprendront aisément que ces dernieres dispositions ne peuvent être applicables à la journée du 6, puisqu'alors la cour étoit à la disposition de l'armée Parisienne. J'invite à cet égard l'accusateur public & le tribunal de vouloir bien ordonner que la lettre de d'Estaing que j'ai déposée hier, soit lue, attendu qu'elle porte avec elle la preuve des faits dont je viens de parler.

Lecture est faite de ladite piece dans laquelle se trouve ce qui suit :

» Le dernier article de l'instruction que
» notre municipalité m'a donné, le 5 de ce
» mois, à quatre heures après midi, me pres
» crit de ne rien négliger pour ramener le
» roi à Versailles le plutôt possible »

Le président. Persistez-vous à dire que cette permission ne vous a pas été délivrée le 5 Octobre ?

Le témoin. Je me suis trompé de la date

j'avois pensé qu'elle étoit du 6.

Vous rappelliez-vous que la permission que vous aviez obtenu vous autorisât à repousser la force par la force, après avoir épuisé les voies de conciliation.

R. Oui, je m'en rappelle.

D'Estaing dans ses réponses aux citoyens Jurés, & aux objections du citoyen Lecointre, s'est occupé à éclairer le patriotisme de ce député, en lui témoignant en même-tems tout le respect qu'il avoit pour un representant du peuple. Lorsqu'il a été reproché au C. Estaing d'avoir voulu engager le C. Lecointre à se trouver à un second dîner des gardes du corps, le premier a répondu que si Estain l'avoit fait, ce qu'il ne se rappelloit pas, il avoit sans doute eu pour objet, ne devant pas y aller lui même, d'y envoyer un officier dont le patriotisme étoit aussi reconnu. Estaing a observé que le but de toute sa conduite avoit été d'empêcher l'effusion du sang, & de veiller à ce que la portion de peuple habitant de Versailles, attendit & reçut avec calme la masse de celui de Paris, pour après en suivre l'impulsion; que lorsqu'il étoit à la municipalité de Versailles, une grande foule de Parisiens, non organisée, étoit déjà arrivée; que sous le prétexte de cette foule, il auroit pu se commettre des vols; & que la propriété des citoyens de Versailles auroit pu être attaquée; que c'étoit pour l'éviter que la municipalité de cette ville l'avoit autorisé

par qu'il a recourses la force par la force ;
qu'en lui recommandant d'employer auparavant tous les moyens de douceur, c'étoit indubitablement la seule chose qu'elle avoit entendue, l'unique qu'il vouloit & qu'il pouvoit exécuter, & la seule que la municipalité de Versailles devoit entendre en donnant un pareil ordre ; que la foule parisienne arrivée à Versailles vers les onze heures du matin étoit déjà immense, qu'elle avoit avec elle deux petites pieces de canon ; que si les voleurs avoient hazardé de profiter de l'occasion pour commettre des brigandages & piller les magasins de Lecointre, Estaing seroit mort devant la perte de ce citoyen pour l'empêcher. Qu'à l'égard du retour de la ci-devant famille royale à Versailles, il sembloit alors pardonnable à cette municipalité de le désirer. La révolution étoit naissante, & tout le monde n'étoit pas encore inspiré par cet élan sublime qui a fait totalement oublier les intérêts particuliers.

C'est au sujet de l'équivoque de la date du 5 au 6 Octobre faite par Estaing, qu'il a répété ce qu'il avoit dit au commencement de la déposition, » que dans l'âge mûr il étoit difficile de se ressouvenir ponctuellement de » tout ce qui s'étoit passé lorsqu'on étoit au » berceau, » qu'il étoit évident qu'il n'avoit pu être à la municipalité le 6 Octobre après minuit, puisqu'alors la famille le ci-devant royale étoit sur le chemin de Paris, & que lui Estaing étoit à cheval à côté de la voiture; mais que sa méprise ayant fait désirer, par le citoyen Lecointre, la lecture de la lettre que, lui Estaing avoit écrite le 8 Octobre à la garde nationale de Versailles, lettre dont elle avoit dans le tems ordonné l'impression & dont un exemplaire a paru être remis, par le citoyen Lecointre, entre les mains du citoyen greffier, Estaing se trouve par cette lecture avoir prévenu d'autres objections, faitpreuve de ses sentimens & avoir rappellé sa mémoire sur la méprise de la date du 5 au 6 Octobre.

La lettre ayant été lue en entier publiquement, son insertion totale & telle qu'elle a été imprimée alors, importe essentiellement à la justification du citoyen Estaing.

Estaing a répondu au sujet de l'importance que la ci-devant cour paroissoit mettre à l'arrivée du régiment de Flandres, qu'il lui avoit paru que ses désirs étoient fondés sur la crainte que Versailles avoit d'un pillage exécuté par des brigands, qu'un régiment de plus ne pouvoit rien contre un mouvement général, qu'il savoit d'ailleurs avant l'arrivée de ce régiment, qu'il étoit déjà dans les bons principes.

Lorsqu'il a été demandé à Estaing s'il ne s'étoit pas mis, le 5 à la tête des gardes du corps, il répondit qu'il ne l'avoit pas fait, qu'il avoit simplement traversé un de leurs escadrons, pour aller seul se placer au milieu

de la foule des parisi ns, & ne les spécîale-
ment aux citoyennes de la ha e qui le con-
noissoi nt, l'écoute ent & le traitterent bien.

Estaing dit au sujet de sa lettre écrite le
8 Octobre, a la garde nationale de Versailles,
qu'il ne faisoit point d'apologie sur le nom de
ci-de ant roi & de la ci-devant famille royale,
dont il étoit ... dans cet e lettre, parce que
tel étoit l'idiome du tems; & qu'on s'occupoit encore de ces mi ères-là.

COPIE *de la lettre de M. Estaing, à
MM. de l'assemblée des capitaines &
offisier de l'état major de Versailles.*

A Paris, le 8 Octobre, 1789.

MESSIEURS,

Ceux de mes camarades qui sont venus hier
à Paris, ont bien voulu me confirmer les ex-
cellentes dispositions dont votre sagesse &
les soins de vos officiers supérieurs & généraux ne m'avoient pas permis de douter un
seul instant. M. Curtnise, qui avoit suivi le
roi volontairement, vous aura sûrement rendu compte de ce qui s'étoit passé, & de la
bonne santé de toute la famille royale. Je
prie M. de Perceval de s'acquitter aujourd'hui
de la même commission, & de vous remettre
la lettre que j'ai l'honneur de vous écrire. Le
dernier article de l'instruction que notre municipalité m'a donnée le cinq de ce mois, à
quatre heures après midi, me prescrit de ne
rien négliger pour ramener le roi à Versailles;

le plutôt possible. Ce devoir m'est trop pré-
cieux à remplir; il importe trop à la prospé-
rité de la ville, pour qu'il n'ait pas dominé
impérieusement tous les autres sentimens qui
m'auroient fait desirer de rester avec vous.
Ce n'est pas des consolations, messieurs, dont
les gens tels que vous ont besoin, il faut
servir. C'est ce que l'on m'a vu faire; lorsqu'en me mettant devant les fusils qui tiroient
sur les gardes-du-corps, je conjurois de tirer
plutôt sur moi, parceque me trouver là moins
comme re aux intérêts de ce x que la colère
aveugle. J'ai été toujours de même, & l'at-
tachement dont on m'a donné quelques mar-
ques, dans ce malheureux moment, n'a pu
qu'accroître tous les sentimens qui m'unissent
à vous.

Un autre devoir ne m'imposoit pas moins
la loi de suivre le roi. Le règlement discuté
par l'état major, corrigé par les commissaires,
communiqué au ministre, & qui, au moment
d'être sanctionné par tout le corps municipal,
doit être exécuté ou continué, par le moyen
de l'impression & par un discours que j'y
ai joint, à l'influence des capitaines, & au
zèle des compagnies, ce règlement devenu
exécutoire pour moi, prescrit l'honneur pré-
cieux de mettre, en cas d'absence, sous les
yeux du roi, le nom de ceux à qui Sa M.
permettra de continuer à former une partie
de sa garde. Je n'ai pu que me proposer, &
j'ai rempli à cheval, ces augustes fonctions,
pendant la route. Plût au ciel que je fisse à

la veille de les remplir de même pour le
retour. Je ne vous cache point que l'exacte
& totale adoption & que l'exécution du ré-
glement seront un des moyens secondaires sur
lesquels je compte davantage. Il en est un
autre qui n'est pas moins indispensable, c'est
de considérer, de traiter sous tous les rapports, & d'aimer la garde nationale de Paris,
comme nos frères. Ils sont nos aînés par les
moyens : se plaindre d'un droit d'aînesse, dont
le bien général diminuera sans doute le poids,
ce seroit en rendre la force plus durable.
Vous connoissez ma sincérité : c'est celle d'un
citoyen qui, élevé avec vos pères, a toujours
vécu depuis, en soldat & en matelot, & qui
a toujours dit la vérité à ceux à qui l'on craint
trop souvent de la montrer dans toute son
étendue.

J'ai l'honneur d'être avec un tendre atta-
chement, & avec respect,

MESSIEURS,

Votre très-humble, &c.

Signé ESTAING.

P. S. Comme le compte que je rends à
la municipalité, est peu détaillé, je vous sup-
plie de lui communiquer cette lettre Il me
paroît

paroît nécessaire qu'elle le soit aussi aux compagnies, lorsque la prudence de ch fs trouvera convenable que messieurs les capitaines les assemblent.

Nota. Le Citoyen Lecointre a dit, dans le cours des dépositions, qu'il rendoit justice au patriotisme du citoyen Estang.

Antoine Simon, ci-devant cordonnier, employé en ce moment en qualité d'instituteur, auprès de Charles-Louis Capet, fils de l'accusée, déclare connoître Antoinette depuis le 30 août dernier, qu'il monta pour la première fois la garde au Temple.

Le déposant observe que pendant le tems que Louis Capet et sa famille avoient la liberté de se promener dans le jardin du Temple, ils étoient instruits de tout ce qui se passoit, tant à Paris que dans l'intérieur de la république.

Le Président au témoin. Avez-vous eu connoissance de manigances qui ont eu lieu au temple pendant que l'accusée y étoit?

R. Oui.

Quels sont les administrateurs qui étoient dans l'intelligence?

R. Le petit Capet m'a déclaré que Toulan, Pétion, Lafayette, Lépitre, Bougt, Michonis, Vincent, Manuel, Lebœuf, Jobert et Dangé étoient ceux pour qui sa mere avoit le plus de prédilection; que ce dernier l'avoit

E

pris entre ses bras, et lui avoit dit en présence de sa mere, je voudrois bien que tu fusses à la place de ton pere.

L'accusée. J'ai vu mon fils jouer aux petits palets dans le jardin avec Dangé ; mais je n'ai jamais vu celui-ci le prendre entre ses bras.

Avez-vous connoissance que pendant que les administrateurs étoient avec l'accusée et la belle-sœur, on ait enfermé le petit Capet et sa sœur dans une tourelle ?

R. Oui.

Est-il à votre connoissance que le petit Capet ait été traité en roi, principalement lorsqu'il étoit à table ?

R. Je sais que sa mere et sa tante à table lui donnoient le pas.

Le Président. Depuis votre détention, avez-vous écrit à la Polignac ?

R. Non.

N'avez-vous pas signé des bons pour toucher des fonds chez le trésorier de la liste civile ?

R. Non.

L'accusateur-public. Je vous observe que votre dénégation deviendra inutile dans un moment, attendu qu'il a été trouvé dans les papiers de Septeuil, deux bons signés de vous, à la vérité ces deux pieces, qui ont été déposées dans le comité des 24, se trouvent en ce moment égarées, cette commission ayant été dissoute ; mais vous allez entendre les témoins qui les ont vues.

Un autre témoin est entendu.

François Tissot, marchand rue de la Feuillade, employé sans salaire, à l'époque du 10 août 1792, au comité de surveillance de la municipalité, dépose qu'ayant été chargé d'une mission à remplir chez Septeuil, trésorier de la ci-devant liste civile, il s'étoit fait accompagner par la force armée de la section de la place Vendôme, aujourd'hui des Piques ; qu'il ne put se saisir de sa personne, attendu qu'il étoit absent ; mais qu'il trouva dans la maison Boucher, trésorier de la liste civile, ainsi que Morillon et sa femme, lesquels il conduisit à la mairie ; que parmi les papiers de Septeuil il trouva deux bons, formant la somme de 80, 000 liv., signés *Marie-Antoinette*, ainsi qu'une caution de deux millions, signée *Louis*, payable à raison de 100, 000 liv. par mois, sur la maison Laporte, à Hambourg, qu'il fut trouvé également un grand nombre de notes de plusieurs payemens faits à Lavras et autres, un reçu signé *Bouillé*, pour une somme de 200, 000 liv. une autre de 200, 000 liv., etc., lesquelles pièces ont toutes été déposées à la commission des 24, qui en ce moment est dissoute.

Le procédé. Je désirerois que le témoin déclarât de quelle date étoient les bons dont il parle.

Le témoin. L'un étoit daté du dix août 1792, quant à l'autre je ne m'en rappelle pas.

F 2

6

L'accusée. Je n'ai jamais fait de bons, et surtout comment en aurois je pu faire, le dix août, que nous nous sommes rendus vers les huit heures du matin à l'Assemblée nationale.

N'avez-vous pas ce jour-là étant à l'Assemblée législative dans la loge du Monsieur, reçu de l'argent de ceux qui vous entouraient?

R. Ce n'est pas dans la loge du Monsieur mais bien pendant les trois jours que nous avons demeuré aux Feuillans, que nous trouvant sans argent, attendu que nous n'en avions pas emporté, nous avons accepté celui qui nous a été offert.

Combien avez-vous reçu?

R. Vingt cinq louis d'or simples; ce sont les mêmes qui ont été trouvés dans mes poches, lorsque j'ai été conduite du temple à la conciergerie; regardant cette dette comme sacrée, je les avois conservés intacts afin de les redonner à la personne qui me les avoit remis, si je l'avois vue.

Comment nommez vous cette personne?

R. C'est la femme Auguel.

Un autre témoin est entendu.

Jean-François Lépitre, instituteur, dépose avoir vu l'accusée au temple, lorsqu'il y faisoit son service, en qualité de commissaire notable de la municipalité provisoire; mais qu'il n'a jamais eu d'entretien particulier avec elle, ne lui ayant jamais parlé qu'en présence de ses collègues.

Le Président. Ne lui avez-vous pas quelquefois parlé politique ?

Le témoin. Jamais.

Ne lui avez-vous pas procuré les moyens de savoir des nouvelles, en envoyant tous les jours un colporteur crier le journal du soir près la tour du temple ?

R Non.

Le président à l'accusée. Avez-vous quelques observations à faire sur la déclaration du témoin ?

R. Je n'ai jamais eu de conversation avec le témoin ; d'un autre côté, je n'avais pas besoin que l'on engageât les colporteurs à venir près de la tour, je les entendois assez tous les jours, lorsqu'ils passoient rue de la Conderie.

Représentation faite d'un petit paquet, à l'accusée, elle a déclaré le reconnoître pour être le même sur lequel elle a apposé son cachet, lorsqu'elle a été transférée du temple à la conciergerie.

Ouverture faite dudit paquet, le greffier en fait l'inventaire ainsi qu'il suit:

Un paquet de cheveux de diverses couleurs.

L'accusée, Ils viennent de mes enfans morts et vivans ; et de mon époux.

Un autre paquet de cheveux,

F 3

L'accusée : Ils viennent des mêmes individus.

Un papier, sur lequel sont des chiffres.

L'accusée. C'est une table pour apprendre à compter à mon fils.

Divers papiers de peu d'importance, tels que mémoires de blanchisseuses, etc. etc.

Un porte-feuille en parchemin et en papier, sur lequel se trouvent écrits les noms de diverses personnes, sur l'état desquelles le président interrelle l'accusée de s'expliquer, ainsi qu'il suit :

Quelle est la femme Salentin ?

R. C'est celle qui étoit depuis long-tems chargée de toutes mes affaires.

Quelle est la demoiselle Vion ?

R. C'étoit celle qui étoit chargée du soin des hardes de mes enfans.

Et la dame Chaumette ?

R. C'est celle qui a succédé à la demoiselle Vion.

Quel est le nom de la femme qui prenoit soin de vos dentelles ?

R. Je ne sais pas son nom ; c'étoient les femmes Salentin & Chaumette qui l'employoient.

Quel est le Bonier dont le nom se trouve écrit ici ?

R. C'est le médecin qui avoit soin de mes enfans.

L'accusateur public requiert qu'il soit à l'instant délivré de ma dats d'amener contre les femmes Salentin, Vion & Chaumette, & qu'à l'égard du médecin Bernier il soit simple assigné.

Le tribunal fait droit sur le réquisitoire.

Le Greffier continue l'inventaire des effets.

Une servante, ou petit porte-feuille garni de ciseaux, éguilles, soye & fils, &c.

Un petit miroir.

Une bague en or sur laquelle sont des cheveux.

Un papier, sur lequel est écrit : *prière au sacré cœur de Jésus, prière à l'immaculée conception.*

Un portrait de femme.

Le président. De qui est ce portait ?

L'accusée. de madame de Lamballe.

Deux autres portraits de femmes.

Le président. Quelles sont les personnes que ces portraits représentent.

L'accusée. Ce sont deux dames avec qui j'ai été à Vienne.

Le président. Quels sont leurs noms ?

L'accusée. Les dames de Mecklembourg & de Hesse.

Un rouleau de vingt-cinq louis d'or simples.

L'accusée. Ce sont ceux qui m'ont été prêtés pendant que nous étions aux Feuillans.

Un petit morceau de toile, sur lequel se

trouve un cœur enflammé traversé d'une flèche.

L'accusateur-public invite le témoin Hébert examiner ce cœur qu'il a déclaré avoir trouvé au Temple.

Hébert. Ce cœur n'est point celui que j'ai trouvé ; mais il lui ressemble, à peu de chose près.

L'accusateur-public observe que parmi les accusés qui ont été traduits devant le tribunal, comme conspirateurs, & dont la loi a fait justice, en les frappant de son glaive, on a remarqué que la plupart, on pour mieux dire, la majeure partie d'entr'eux portoit ce signe contre-révolutionnaire.

Hébert observe qu'il n'est point à sa connoissance que les femmes Salatin, Vion & Chaumette aient été employées au Temple pour le service des prisonniers.

L'accus. Elles l'ont été dans les premiers tems.

L'accusateur-public. N'avez-vous point fait, quelques jours après votre évasion du 20 juin, une commande d'habits de sœurs grises ?

R. Je n'ai jamais fait de pareilles commandes.

On entend un autre témoin.

Philippe-François-Gabriel la-Tou-du-pin-Gouvernet, ancien militaire, au service de France, dépose connoître l'accusée depuis qu'elle est en France ; mais il ne sait aucun des faits contenus en l'acte d'accusation.

Le Président au témoin. N'avez-vous pas assisté aux fêtes du château ?

R. Jamais, pour ainsi dire, je n'ai fréquenté la cour.

Ne vous êtes-vous pas trouvé aux repas des ci-devant gardes du corps.

R. Je ne pouvais point y assister, puisqu'à cette époque j'étois commandant en Bourgogne.

Comment ! est-ce que vous n'etiez point alors ministre ?

R. Je ne l'ai jamais été, & n-aurois point voulu l'être, si ceux qui étoient alors en place me l'eussent offert.

Le Président au témoin Lecointres Connoissez-vous le déposant pour avoir été en 1789 ministre de la guerre ?

R. Je ne connois pas le témoin pour avoir été ministre ; celui qui l'étoit à cette époque est ici, & va être entendu à l'instant.

On fait entrer le témoin.

Jean-Fréd'rio la Tour-du-Pin, m'il ire & ex-ministre de la guerre, dépose connoître l'accusée, mais il déclare ne connoître aucun des faits portés en l'acte d'accusation.

Le président au témoin. Etiez-vous ministre le premier Octobre 1789.

R. Oui.

Vous avez sans doute, à cette époque, entendu parler des repas des ci-devant gardes du corps?

R. Oui.

N'étiez vous point ministre, à l'époque où les troupes sont arrivées à Versailles dans le mois de Juin 1789?

R. Non : j'étoit alors député à l'assemblée.

Il paroît que la cour vous avoit des obligations, pour vous avoir fait ministre de la guerre.

R. Je ne crois pas qu'elle m'en eût aucune.

Où étiez vous le 23 juin, lorsque le cidevant roi est venu tenir le fameux lit de justice au milieu des représentants du peuple?

R. J'étois a ma place de député à l'assemblée nationale.

Counoisez-vous les rédacteurs de la déclaration dont le roi fit lecture a l'assemblée.

R. Non.

M'avez-vous point entendu dire que ce fut Linguet, d'Esprémenil, Barent in, Lally-Tollendal, Desmeuniers, Bergasse ou Thouret?

R. Non.

Avez-vous assisté au conseil du ci-devant roi, le 5 Octobre 1789.

R. Oui-

D'Estaing y étoit-il?

R. Je ne l'y ai pas vu.

D'Estaing prend la parole & dit; eh bien! j'avois donc ce jour-là la vue meilleure que vous, car je me rappelle très-bien vous y avoir vu.

Le président. Avez-vous connoissance que ce jour, 5 Octobre, la famille royale devoit partir par Rambouillet pour se rendre ensuite à Metz?

Latour-du-Pin. Je sais que ce jour-là il a été agité dans le conseil si le roi partiroit oui ou non.

Savez-vous les noms de ceux qui provoquoient le départ.

Quel pouvoit être le motif sur lequel ils fondoient ce départ?

R. Sur l'affluence du monde qui étoit venu de Paris à Versailles & sur ceux que l'on y attendoit encore, que l'on disoit en vouloir à la vie de l'accusée.

Quel a été le résultat de la délibération?

R. Que on resteroit.

Où proposoit-on d'aller?

R. A Rambouillet.

Avez-vous vu l'accusée en ces moments-là au château?

R. Oui.

N'est-elle pas venue au conseil?

R. Je ne l'ai point vu venir au conseil;

je l'ai seulement vu entrer dans le cabinet de Louis XVI.

Vous dites que c'etoit à Rambouillet que la cour devoit aller, ne seroit-ce pas plutôt à Metz?

R. Non.

En votre qualité de ministre, n'avez vous point fait préparer des voitures, & commander des piquets de troupes sur la route, pour protéger le départ de Louis Capet?

R. Non.

Il est cependant constant que tout étoit préparé à Metz pour y recevoir la famille Capet, des appartemens y avoient été meublés en conséquence.

R. Je n'ai aucune connoissance de ce fait.

R. Est-ce par l'ordre d'Antoinette que vous avez envoyé votre fils à Nancy, pour diriger le massacre des braves soldats qui avoient encouru la haine de la cour, en se montrant patriotes.

R. Je n'ai envoyé mon fils à Nancy que pour y faire exécuter les décrets de l'assemblée nationale; ce n'étoit donc pas par les ordres de la cour que j'agissois, mais bien parceque c'étoit alors le vœu du peuple, les Jacobins même, lorsque M. Camus fut à leur société faire lecture du rapport de cette affaire, l'avoient vivement applaudi.

Un Juré.

Un Juré. Citoyen président, je vous invite
à vouloir bien observer au témoin qu'il y a
de sa part erreur ou mauvaise foi, attendu
que jamais Camus n'a été membre des Jacobins, & que cette société étoit loin d'approu-
ver les mesures de rigueur qu'une faction liberticide avoit fait décréter contre les meilleurs citoyens de Nancy.

R. Je l'ai entendu dire dans le tems.

Est-ce par les ordres d'Antoinette que vous
avez laissé l'armée dans l'état où elle s'est
trouvée.

R. Certainement, je ne crois point être
dans le cas de reproche à cet égard, attendu
qu'à l'époque où j'ai quitté le ministere,
l'armée Française étoit sur un pied respectable.

Étoit-ce pour la mettre sur un pied respectable que vous avez licencié plus de trente
mille patriotes qui s'y trouvoient, en leur
faisant distribuer des cartouches jaunes, à
l'effet d'effrayer par cet exemple les défenseurs de la patrie, & les empêcher de se livrer aux élans du patriotisme & à l'amour de
la liberté.

R. Ceci est étranger, pour ainsi dire, au
ministre. Le licenciement des soldats ne le
regarde pas : ce sont les chefs des différens
corps qui se mêlent de cette partie-là.

Mais, vous, ministre, vous deviez vous
faire rendre compte de pareilles opérations

par les chefs des corps, afin de savoir qui avoit tort ou raison.

R. Je ne crois pas qu'aucun soldat puisse être dans le cas de se plaindre de moi.

Le témoin Labénette demande à énoncer un fait. Il déclare qu'il est un de ceux qui ont été honorés par Latour-du-Pin, d'une cartouche jaune, signée de sa main, & cela, parce qu'au régiment dans lequel il servoit, il démasquoit l'aristocratie de messieurs les muscadins qui y étoient en grand nombre, sous la dénomination d'état-major. Il observe que lui déposant étoit bas-officier & que le témoin se rappellera peut-être de son nom qui est *Clair-voyant*, caporal au régiment de...

Latour du-Pin. Monsieur, je n'ai jamais entendu parler de vous.

Le président. L'accusée, à l'époque de votre ministère, ne vous a-t-elle pas engagé à lui remettre l'état exact de l'armée française,

R. Oui.

Vous a-t-elle dit quel usage elle en vouloit faire?

R. Non.

Où est votre fils?

R. Il est dans une terre près Bordeaux ou dans Bordeaux.

Le président à l'accusée. Lorsque vous avez demandé au témoin l'état des armées, n'étoit-ce point pour le faire passer au roi de Bohême & de Hongrie?

R. Comme cela étoit public, il n'étoit pas besoin que je lui en fisse passer l'état, les papiers publics auroient pu assez l'en instruire.

Quel étoit donc le motif qui vous faisoit demander cet état?

R. Comme le bruit couroit que l'assemblée vouloit qu'il y eût des changemens dans l'armée, je désirois savoir l'état des regimens qui seroient supprimés.

N'avez-vous pas abusé de l'influence que vous aviez sur votre époux, pour en tirer des bons le trésor public?

R. Jamais.

Où avez-vous donc pris l'argent avec lequel vous avez fait construire & meubler le petit Trianon, dans lequel vous donniez des fetes, dont vous étiez toujours la déesse.

R. C'étoit un fonds que l'on avoit destiné à cet effet.

Le *président à l'accusée*. Il falloit que ce fonds fût conséquent, car le Petit Trianon doit avoir couté des sommes énormes?

R. Il est possible que le Petit-Trianon ait couté des sommes immenses, peut-être plus que je n'aurois désiré; on avoit été entraîné dans les dépenses peu-à-peu; du reste je dé-

G 2

sire plus que personne que l'on soit instruit de ce qu' s'y passe.

N'est-ce pour au Petit Trianon que vous avez connu pour la première fois la femme Lamotte ?

R. Je ne l'ai jamais vue.

N'a-t-elle pas été votre victime dans l'affaire du fameux collier ?

R. Elle n'a pu l'être puisque je ne la connoissois pas.

Vous persistez donc à nier que vous l'ayez connue ?

R. Mon plan n'est pas la dénégation ; c'est la vérité que j'ai à dire & que je persisterai à dire.

N'étoit-ce pas vous qui faisiez nommer les ministres & aux autres places civiles & militaires ?

R. Non.

N'aviez-vous pas une liste des personnes que vous desiriez placer, avec des notes encadrées sous verre ?

R. Non.

N'avez-vous pas forcé différens ministres à accepter pour les places vacantes, les personnes que vous leur désigniez ?

R. Non.

N'avez-vous pas forcé les ministres des finances de vous délivrer des fonds, & sur ce que quelques uns d'entr'eux s'y sont refusés, ne les avez-vous pas menacé de toute votre indignation?

R. Jamais.

N'avez-vous pas sollicité Vergennes à faire passer six millions au roi de Bohême & de Hongrie?

R. Non.

On entend un autre témoin.

Jean-François Mathey, concierge de la tour du Temple, dépose qu'à l'occasion d'une chanson dont le refrain est: *Ah! s'en souviendra, du retour de Varennes*, il avoit dit à Louis Charles Capet: t'en souviens-tu, du retour de Varennes? Ah! oui, dit-il, je m'en souviens bien, que lui ayant demandé ensuite comment on s'y étoit pris pour l'emmener, il répondit qu'il l'avoit emporté de son lit où il dormoit, & qu'on l'avoit habillé en fille, en lui disant: viens à Mont-médy.

Le président au témoin N'avez-vous point remarqué pendant votre séjour au temple, la familiarité qui régnoit entre quelques membres de la commune & les détenus?

R. Oui. J'ai même un jour entendu Tou-lan dire à l'accusée, à l'occasion des nouvelles élections faites pour l'organisation de la municipalité définitive, madame, je ne suis point renommé, parce que je suis bon. Il a remarqué que Lepitre & Toulan venoient

C 3

souvent ensemble ; qu'ils montoient tout de suite, en disant : montons toujours, nous attendrons nos collegues là-haut ; il a vu un autre jour Jobert remettre à l'accusée des médaillons en cire : la fille Capet en laissa tomber un qui se cassa. Le déposant entre ensuite dans les détails de l'histoire du chapeau trouvé dans la cassette d'Élisabeth, &c.

L'accusée. J'observe que les médaillons dont parle le témoin étoient au nombre de trois ; que celui qui tomba & fut cassé étoit le portrait de Voltaire, que les deux autres représentoient, l'un Médée, & l'autre des fleurs.

Le président à l'accusée. N'avez-vous pas donné une boete d'or à Toulan ?

R. Non, ni à Toulan ni à d'autres.

Le témoin Hébert observe qu'un officier de paix lui est venu apporter un paquet de la commune une dénonciation signée de deux commis du bureau des impositions, dont Toulan étoit chef, qui annonçoit ce fait de la manière la plus claire en prouvant qu'il s'en étoit vanté lui-même dans le bureau : cela fut renvoyé à l'administration de police, nonobstant les réclamations de Chaumette & de lui déposant, qui n'en a plus entendu parler depuis.

On entend un autre témoin.

Jean-Baptiste Olivier-Gamelin, ci devant secrétaire de la commission des vingt-quatre,

dépose qu'ayant été chargé de faire l'énumé-
ration & dépouillement des papiers trouvés
chez Septeuil, il a vu parmi lesdits papiers
un bon d'environ 80,000 liv., signé *Antoinette*, au profit de la ci-devant Polignac,
avec un billet relatif au nommé Lazaille,
une autre piece qui attestoit que l'accusée
avoit vendu ses diamans, pour faire passer
des fonds aux émigrés français. Le déposant
observe qu'il a remis dans le tems toutes
lesdites pieces entre les mains de Valazé,
membre de la commission, chargé alors de
dresser l'acte d'accusation contre Loui Capet,
mais que ce ne fut pas sans étonnement que
lui déposant apprit que Valazé, dans le rapport qu'il avoit fait à la convention nationale,
n'avoit pas parlé des pieces signées *Marie-
Antoinette*.

Le président à l'accusée. Avez-vous quelques observations à faire sur la déposition
du témoin?

R. Je persiste à dire que je n'ai jamais fait
de bons.

Connoissez-vous le nommé Lazaille?

R. Oui.

Comment le connoissez-vous?

R. Je le connois pour un officier de ma-
rine & pour l'avoir vu à Versailles, se présenter à la cour comme les autres.

Le témoin J'observe que les pieces dont

j'ai parlé ont été, après la dissolution de la commission des 24, transportées au comité de sûreté générale où elles doivent être en ce moment, attendu qu'ayant, ces jours derniers, rencontré deux de mes collegues, ci-devant employés comme moi a la commission des 24, nous parlâmes du procès qui alloit s'instruire a ce tribunal contre Marie-Antoinette; je leur demandai s'ils savoient ce que pouvoient être devenues les pieces dont est question, ils me répondirent qu'elles avoient été déposées au comité de sûreté générale, où ils sont en ce moment l'un & l'autre employés.

Le témoin Tisset invite le président à vouloir bien interpeller le citoyen Garnerin de déclarer s'il ne se rappelle pas avoir également vu, parmi les papiers trouvés chez Septeuil, des titres d'acquisition en sucre, café, bled, &c. &c, montant à la somme de deux millions, dont quinze cents mille livres avoient déjà été payées, & s'il ne sait pas aussi que ces titres, quelques tems après, ne se sont point retrouvés.

Le président au témoin. Citoyen, vous venez d'entendre l'interpellation, voudriez-vous bien y répondre?

Garnerin Je n'ai aucune connoissance de ce fait. Je sais néanmoins qu'il y avoit dans toute la France, des préposés chargés de titres pour faire des accaparemens immenses,

à l'effet de procurer un surhaussement considérable dans le prix des denrées pour dégoû-
ter par ce moyen, le peuple de la révolution & de la liberté, & par suite le for-
cer à redemander lui même des fers.

Le *président à l'accusée*. Avez vous connoissance des accaparemens immenses des
denrées de première nécessité, qui se faisoient par ordre de la cour pour affamer le
peuple & le contraindre à redemander l'ancien ordre des choses, si favorable aux ty-
rans & à leurs infâmes agens, qui l'ont tenu
sous le joug pendant 1,400 ans?

R. Je n'ai aucune connaissance qu'il ait été
fait des accaparemens.

On entend un autre témoin.

Charles-Éléonore Dufriche-Valazé, pro-
priétaire, ci-devant député à la convention
nationale, dépose que parmi les papiers trouvés chez Septeuil, & qui ont servi, ainsi que
d'autres, à dresser l'acte d'accusation contre
feu Louis Capet, & à la rédaction duquel
il a coopéré, comme membre de la commission des 21, il en a remarqué deux qui avoient
rapport à l'accusée. Le premier étoit un bon,
ou plutôt une quittance signée d'elle, pour
une somme de quinze ou vingt mille livres
autant qu'il peut s'en rappeller, l'autre pièce
est une lettre, dans laquelle le ministre prie
le roi de vouloir bien communiquer à Marie-
Antoinette le plan de campagne qu'il avoit
eu l'honneur de lui présenter.

Le président à Valazé. Pourquoi n'avez-vous point parlé de cette pièce dans le rapport que vous avez fait passer à la convention?

R. Je n'en ai point parlé, parce que je n'ai pas cru qu'il fût utile de citer dans le procès de Capet une quittance d'Antoinette.

N'avez-vous point été membre de la commission des 24.

R. Oui

Savez-vous ce que ces deux pièces peuvent être devenues.

R. Les pièces qui ont servi à dresser l'acte d'accusation de Louis Capet ont été réclamées par la commune de Paris, attendu qu'elles comportoient des charges contre plusieurs individus soupçonnés d'avoir voulu compromettre plusieurs membres de la convention, pour en obtenir des décrets favorables à Louis Capet. Je crois qu'aujourd'hui toutes ces pièces doivent être rétablies au comité de sûreté générale de la convention.

Le président à l'accusée. Qu'avez-vous à répondre à la déposition du témoin?

R. Je ne connois ni le bon, ni la lettre dont il parle.

L'accusateur public. Il paroit prouvé, nonobstant les dénégations que vous faites, que, par votre influence, vous faisiez faire au ci-devant roi votre époux tout ce que vous désiriez.

R. Il y a loin de conseiller de faire une chose à la faire exécuter.

Vous voyez qu'il résulte de la déclaration du témoin que les ministres connoissoient si bien l'influence que vous avez sur Louis Capet, que l'un d'eux l'invite à vous faire part du plan de campagne qui lui avoit été présenté quelques jours avant, d'où il s'ensuit que vous avez disposé de son caractere foible, pour lui faire exécuter de bien mauvaises choses ; car en supposant que de vos avis il n'ait suivi que les meilleurs, vous avouerez qu'il n'étoit pas possible d'user de plus mauvais moyens pour conduire la France au bord de l'abîme qui a manqué de l'engloutir.

R. Jamais je ne lui ai connu le caractere dont vous parlez.

On entend un autre témoin.

Nicolas Leboeuf, instituteur, ci-devant officier municipal, proteste ne rien connoître des faits relatifs à l'acte d'accusation ; car, ajoute-t-il, si je m'étois aperçu de quelque chose, j'en aurois rendu compte.

Le président au témoin. N'avez-vous jamais eu de conversation avec Loui Capet ?

R. Non.

N'avez-vous pas, étant de service au temple, conversé sur les affaires politiques, avec vos collegues & les détenus ?

R. J'ai causé avec mes collegues, mais

nous ne parlions pas d'affaires politiques.

Avez-vous souvent adressé la parole à Louis Charles Capet ?

R. Jamais.

N'avez-vous pas proposé de lui donner à lire le nouveau Télémaque ?

R. Non.

N'avez-vous pas manifesté le désir d'être son instituteur ?

R. Jamais.

N'avez-vous pas témoigné du regret de voir cet enfant prisonnier ?

R. Non.

L'accusée interpellée de déclarer si elle n'a pas eu de conversation particuliere avec le témoin, dit que jamais elle ne lui a parlé.

On entend un autre témoin.

Augustin-Germain Jobert, officier municipal, déclare ne connoitre aucuns des faits portés en l'acte d'accusation.

Le Président au témoin. N'avez-vous pas eu, pendant le tems de votre service au temple, des conferences avec l'accusée ?

R. Jamais.

Ne lui avez vous pas fait voir un jour quelque chose de curieux ?

R. J'ai à la verité montré à la veuve Capet et à sa fille des médaillons en cire, dits

camées

camée ; c'étoient des allégories à la révolution.

Parmi ces médaillons, n'y avoit-il pas un portrait d'homme.

R. Je ne le crois pas.

Par exemple ; le portrait de Voltaire.

Oui : d'ailleur j'ai chez moi environ quatre mille de ces sortes d'ouvrages.

Pourquoi parmi ces sortes d'ouvrages se trouvoit-il le portrait de Médée? vouliez-vous en faire quelques allusion à l'accusée ?

R. Le hazard seul l'a voulu ; j'en ai tant : ce sont des ouvrages Anglais, dont je fais commerce : j'en vends aux négocians.

Avez-vous connoissance que de tems en tems on enfermât le petit Capet pendant que vous et d'autres administrateurs, aviez des entretiens particuliers avec l'accusée ?

R. Je n'ai aucune connoissance de ce fait.

Vous persistez donc à dire que vous n'avez point eu d'entretien particulier avec l'accusée.

R. Oui.

Le président à l'accusée. Persistez-vous à dire que vous n'avez pas eu d'entretiens au temple, avec les deux derniers témoins ?

R. Oui.

Soutenez-vous également que Bailly et Lafayette n'étoient pas les coopérateurs de votre fuite, dans la nuit du vingt au vingt-un juin 1791 ?

H.

R. Oui.

Je vous observe que sur ces faits vous vous trouvez en contradiction avec la déclaration de votre fils ?

R. Il est bien aisé de faire dire à un enfant de huit ans tout ce que l'on veut.

Mais on ne s'est pas contenté d'une seule déclaration, on l'a lui a fait repeter plusieurs fois et à diverses reprises; il a toujours dit de même?

R. Eh bien! je nie le fait.

Depuis votre détention au temple, ne vous êtes-vous pas fait peindre?

R. Oui je l'ai été en pastel.

Ne vous êtes-vous pas enfermée avec le peintre, et ne vous êtes-vous pas servie de ce prétexte pour recevoir des nouvelles de ce qui se passoit dans les assemblées législatives et conventionnelles?

R. Non.

Comment nommez-vous ce peintre?

R. C'est Coëstier, peintre polonais, établi depuis plus de vingt ans à Paris.

Où demeure-t-il?

R. Rue du Cocq St. Honoré.

On entend un autre témoin.

Antoine-François Moyle, ci-devant suppléant du procureur de la commune auprès des tribunaux de police municipale et correctionnelle, déposé que de trois fois qu'il a été de service au temple, il l'a été une fois près de Louis Capet et les deux autres près des femmes, il n'a rien remarqué sinon l'attention ordinaire aux femmes de fixer un homme que l'on voit pour la première fois, il y retourna de nouveau en mars dernier. On y jouoit à differens jeux, les détenus venoient quelquefois regarder jouer, mais elles ne parloient pas; enfin il proteste d'ailleurs n'avoir jamais eu aucune intimité avec l'accusée pendant son service au temple.

Le président à l'accusée. Avez-vous quelques observations à faire sur la déposition du témoin?

R. L'observation que j'ai à faire est que je n'ai jamais eu de conversation avec le déposant.

Un autre témoin est entendu.

Renée Sévin, femme Chaumette, dépose connnoître l'accusée depuis six ans, lui ayant été attachée en qualité de sous-femme de chambre; mais qu'elle ne connoit aucun des faits porté en l'acte d'accusation, si ce n'est que le dix août elle a vu le roi faire la revue des gardes-Suisses : voilà tout ce qu'elle dit savoir.

Le présidens à la témoin. Étiez-vous au château, à l'époque du départ pour varennes?

R. Oui; mais je n'en ai rien su.

Dans quelle partie du château couchiez-vous?

R. A l'extrémité du pavillon de Flore.

Avez-vous dans la nuit du 9 au 10 enten-

H 2.

du sonner le tocsin, et battre la général ?

R. Non : je couchois sous les toits.

Comment ! vous couchiez sous les toits,
et vous n'avez point entendu le tocsin ?

R. Non ; j'étois malade.

Et par quel hasard vous êtes-vous trouvée
présente à la revue royale ?

R. J'étois sur pied depuis six heures du
matin.

Comment, vous êtes malade, et vous vous
leviez à six heures ?

C'est que j'avois entendu du bruit.

Au moment de la revue, avez-vous entendu crier vive le roi, vive la reine ?

R. J'ai entendu crier vive le roi, d'un
côté, et de l'autre, vive la nation !

Aviez-vous vu la veille les rassemblemens
extraordinaires des gardes-Suisses, et des
scélerats qui en avoient pris l'habit ?

R. Je ne suis pas, ce jour-là descendue
dans la cour.

Et pour prendre vos repas, il faloit bien
que vous descendiez ?

R. Je ne sortois pas : un domestique m'ap-
portoit à manger.

Mais au moins, ce domestique a dû vous
faire part de ce qui se passoit ?

R. Je ne tenois jamais de conversation avec
lui.

Il paroit que vous avez passé votre vie à
la cour, et que vous y avez appris l'art de

dissimuler. Comment nommez-vous la femme qui avoit soin des dentelles de l'accusée?

R. Je ne la connois pas : j'ai seulement entendu parler d'une dame Couet qui raccommodoit la dentelle, et faisoit la toilette des enfans.

Sur l'indication faite par la témoin de la demeure de la dite femme Couet, l'accusateur-public requiert, et le tribunal ordonne qu'il sera à l'instant décerné contre elle un mandat d'amener.

On continue l'audition des témoins.

Jean-Baptiste Vincent, entrepreneur maçon dépose avoir fait son service au Temple, en sa qualité de membre du conseil-général de la commune, mais qu'il n'a jamais eu de conférence avec l'accusée.

Nicolas-marie-Jean Beugnot, architecte et membre de la commune : dépose qu'appellé par ses collègues à la surveillance des prisonniers du Temple, il ne s'est jamais oublié au point d'avoir des conférences avec les détenues, encore moins avec l'accusée.

Le président au témoin. n'avez-vous pas fait enfermer dans une tourelle, le petit Capet et sa sœur, pendant que vous et quelques uns de vos collègues teniez conversation avec l'accusée?

R. Non.

N'avez-vous pas procuré les moyens de savoir des nouvelles par le moyen des colporteurs?

H 3.

R. Non.

Avez-vous entendu dire que l'accusée avoit gratifié Toulan d'une boëte d'or ?

R. Non.

L'accusée. Je n'ai jamais eu aucun entretien avec le déposant.

On entend un autre témoin.

François D'auger, admininstrateur de police, dépose avoir été un grand nombre de fois de service au temple, mais que dans aucun tems il n'a eu ni du avoir de conférences ni d'entretiens particuliers avec les détenus.

Le présiden. N'avez-vous jamais tenu le jeune Capet sur vos genoux. Ne lui avez-vous pas dit : « je voudrois vous voir à la place de votre pere. »

R. Non.

Depuis que l'accusée est détenue à la conciergerie, n'avez-vous pas procuré à plusieurs de vos amis l'entré de sa prison.

R. Non.

Avez-vous ouï parler qu'il y ait eu du monde d'introduit dans la conciergerie ?

R. Non.

Quelle est votre opinion sur l'accusée ?

R. Si elle est coupable, elle doit être jugée.

La croyez-vous patriotes ?

R. Non.

Croyez-vous qu'elle veuille la République ?

R. Non.

On passe à un autre témoin.

Jean-Baptiste Michonis, limonadier ;
membre de la commune du 10 aout et administrateur de police, dépose qu'il connoit
l'accusée pour l'avoir, avec ses collegues,
transférée, le 2 aout dernier, du Temple à
la conciergerie.

Le président au témoin. N'avez-vous pas
procuré à quelqu'un l'entrée de la chambre de l'accusée, depuis qu'elle est à cette
prison ?

R. Pardonnez-moi ; je l'ai procurée à un
nommé Giroux, maître de pension, faux-
bourg S. Denis, à un autre de mes amis,
peintre, au citoyen . . . . administrateur
des domaines, et à un autre de mes amis.

Vous l'avez sans doute procurée à d'autres
personnes ?

R. Voici le fait, car je dois et veux dire
ici toute la vérité. Le jour de la Saint-Pierre,
m'étant trouvé chez un sieur Fontaine où
il y avoit bonne compagnie, notamment
trois ou quatre députés à la convention ;
parmi les autres convives se trouvoit la citoyenne Tilleul, laquelle invita le citoyen
Fontaine à venir faire la Madeleine chez elle
à Vaugirard ; elle ajouta : le citoyen Michonis ne sera pas de trop ; lui ayant demandé
d'où elle pouvoit me connoître, elle répondit qu'elle m'avoit vu à la mairie où des
affaires l'appelloient. Le jour indiqué étant
arrivé, je me rendis à Vaugirard ; je trouvai une compagnie nombreuse. Après le repas la conversation étant tombé sur le cha-

pître des prisons, on parla de la conciergerie en disant : la veuve Capet est là ? on
dit qu'elle est bien changée, que ses cheveux
sont tous blanc. Je répondis qu'à la vérité
ses cheveux commençoient à grisonner,
mais qu'elle se portoit bien. Un citoyen qui
se trouvoit là manifesta le désir de la voir,
je lui promis de le contenter, ce que je fis,
le lendemain la Richard me dit : connoissez-
vous la personne que vous avez amenée
hier? lui ayant répondu que je ne le connoissois que pour l'avoir vu chez un de mes amis,
eh bien ! me dit-elle, on dit que c'est un ci-
devant chevalier de St. Louis ; en même
temps elle me remit un petit morceau de
papier écrit ou du moins piqué avec la pointe
d'une épingle ; alors je lui répondis : je vous
jure que jamais je n'y mènerai personne.

Le président au témoin. N'avez-vous point
fait part à l'accusée que vos fonctions venoient de finir à la commune.

R. Oui, je lui ai tenu ce discour-là.

Que vous a répondu l'accusée.

R. Elle m'a dit : on ne vous verra donc
plus ; je répondis : madame, je reste munici-
cipal, et pourrai vous voir de tems en
tems.

Comment avez-vous pu, vous administrateur de police, au mépris des réglemens,
introduire un inconnu auprès de l'accusée,
vous ignoriez donc qu'un grand nombre d'intrigans mettent tout en usage pour séduire

les administrateurs.

R. Ce n'est point lui qui m'a demandé à voir la veuve Capet, c'est moi qui le lui ai offert.

Combien avez-vous diné de fois avec lui?

R. Deux fois.

Quel est le nom de ce particulier?

R. Je l'ignore.

Combien vous a-t-il promis ou donné pour avoir la satisfaction de voir Antoinette?

R. Je n'ai jamais reçu aucune rétribution.

Pendant qu'il étoit dans la chambre de l'accusée, ne lui avez-vous vu faire aucun geste?

R. Non.

Ne l'avez-vous point revu depuis?

R. Je ne l'ai vu qu'une seule fois.

Pourquoi ne l'avez-vous point fait arrêter?

J'avoue que c'est une double faute que j'ai faite à cet égard.

Un juré. Citoyen président, je dois vous observer que la femme Tilleul vient d'être arrêtée comme suspecte et contre-révolutionnaire.

Un autre témoin est entendu.

Pierre-Édouard Bernier, médecin, déclare connoître l'accusée depuis quatorze ou quinze ans, ayant été depuis ce tems le médecin de ses enfans.

Le président au témoin. N'étiez-vous pas en 1789, le Médecin des enfans de Louis

Capet, et en cette qualité, n'avez-vous
pas entendu parler à la cour quelle étoit la
cause, à cette époque, du rassemblement
extraordinaire de troupes, qui eut lieu tant
à Versailles qu'à Paris.

R. Non.

Le témoin Hébert observe, sur l'interpellation qui lui est faite, que dans les jour-
nées qui ont suivi le 10 août, la commune
républicaine fut paralysée par les astuces
de Manuel et Pétion, qui s'opposèrent à
ce que la table des détenues fut rendu plus
frugale et à ce que la valtaille fut chassée,
sous le faux prétexte qu'il étoit de la dignité du peuple que les prisonniers ne man-
quassent de rien. Le déposant ajoute que
Bernier, témoin présent, étoit souvent au
temple dans les premiers jours de la détention de la famille Capet, mais que ses fré-
quentes visites l'avoient rendu suspect, surtout dès que l'on se fut apperçu qu'il n'ap-
prochoit des enfans de l'accusée qu'avec
toute les bassesses de l'ancien régime.

Le témoin assure que de sa part ce n'é-
toit que bienséance et non bassesse.

Claude-Dénis Tavernier, ci-devant lieutenant à la suite de l'état-major, dépose
qu'étant de garde dans la nuit du 20 au 21
juin 1791, il a vu venir dans la soirée, Lafayette; enfin il a vu ce dernier changer de
couleur, lorsque l'on apprit que la famille
Capet avoit été arrêté à Varennes.

Jean-Maurice-François Lebrasse, lieutenant de gendarmerie, à la suite des tribunaux, déclare connoître l'accusée depuis quatre ans; il n'a aucune connoissance des faits contenus en l'acte d'accusation, sinon que se trouvant de service près de la maison d'arrêt dite la conciergerie, la veille du jour où les députés Amar et Sévestre vinrent interroger la veuve Capet, un gendarme lui avoit fait part de la scène de l'œillet, il s'étoit empressé de cette affaire, ce qui a eu lieu.

Joseph Boze, peintre, déclare connoître l'accusée depuis environ huit ans, qu'il peignit à cette époque le ci-devant roi; mais ne lui a jamais parlé. Le témoin entre ici dans les détails d'un projet de réconciliation entre le peuple et le ci-devant roi, par l'intermédiaire de Thierry, valet-de-chambre de Louis Capet.

L'accusée tire de sa poche un papier et le remet à l'un de ses défenseurs.

L'accusateur-public interpelle Antoinette de déclarer quel est l'écrit qu'elle vient de remettre.

R. Hébert a dit ce matin que dans nos hardes et souliers on nous faisoit passer des correspondances; j'avois écrit dans la crainte de l'oublier que toutes nos hardes et effets étoient visité lorsqu'ils parvenoient près de nous, que cette surveillance s'exerçait par les administrateurs de police.

Hébert observe à son tour qu'il n'a été fondé à faire cette déclaration que parce que la fourniture des souliers étoit considérable, puisqu'elle se montoit à 14 et 15 paires par mois.

Didier Jourdheuil, huissier, déclare qu'au mois de septembre 1792, il a trouvé une liasse de papiers chez d'Affry, dans laquelle étoit une lettre d'Antoinette qu'elle écrivoit à celui-ci; elle lui marquoit ces mots : « peut-on compter sur vos suisses, feront- « ils bonne contenance lorsqu'il en sera tems? »

L'accusée. Je n'ai jamais écrit à d'Affry.

L'accusateur-public observe que l'année dernière se trouvant directeur du juré d'accusation, près le tribunal du 17 aout, il fut chargé de l'instruction des procès de d'Affry et Cazotte; qu'il se rappelle tres-bien avoir vu la lettre dont parle le témoin, mais la faction de Roland étant parvenue à faire supprimer le tribunal, en a fait enlever les papiers au moyen d'un décret qu'ils escamotèrent, nonobstant les réclamations de tous les bons républicains.

Le président à l'accusée. Quels sont les papiers qui ont été brulés à la manufacture de Seves?

R. Je crois que c'étoit un libelle; au reste on ne m'a pas consulté pour cette effet, on me l'a dit après.

Comment se peut-il faire que vous igno-

rassiez

rassiez ce fait ; c'étoit Riston qui fût chargé
de la négociation de cette affaire ?

R. Je n'ai jamais entendu parler de Riston et persiste à dire que je n'ai par connu
la Lamotte ; si l'on m'avoit consultée, je
me serois opposée à ce que l'on brûlât un
écrit qui étoit contre moi.

On entend un autre témoin.

Pierre Fontaine, marchand de bois, déclare ne connoître aucun des faits portés
en l'acte d'accusation ; ne connoissant l'accusée que de réputation, et n'ayant jamais
eu aucun rapport avec la ci-devant cour.

Le président au témoin. Depuis combien
de tems connoissiez-vous Michonis ?

R. Depuis environ quatorze ans.

Combien a-t-il été dîner de fois chez
vous ?

R. Trois fois.

Comment nommez-vous le particulier qui
a dîné chez vous avec Michonis ?

R. On l'apelle de Rougy. C'est un particulier dont les manières ni le ton ne me
revenoient pas ; il avoit été amené par la
dame Dutilleul.

D'où connoissez-vous la dite femme Dutilleul ?

R. Je l'ai rencontrée un soir avec une
autre femme sur le boulevard ; nous fîmmes
conversation, et fûmes prendre une tasse
de café ensemble ; depuis ce tems elle est
venue chez moi plusieurs fois.

Ne vous a-t-elle point fait quelque confidence.

R. Jamais.

Quels sont les noms des députés, qui se sont trouvés avec de Rougy et Michonis?

R. Il n'y en avoit qu'un.

Comment le nommez-vous.

R. Santereux, député de la Nièvre à la convention, et deux autres commissaires envoyés par les assemblées primaires du même département pour apporter leur acte d'acceptation de la constitution.

Quels sont leurs noms?

R. C'est Balehdeot, cure de Beaumont, et Paulmier, également du même département.

Savez-vous ce que peut-être devenu Rougy?

R. Non.

Un autre témoin est entendu.

Michel Gointre, employé au bureau de la guerre, dépose avoir lu attentivement l'acte d'accusation, et avoir été étrangement surpris de ne point y voir l'article de la complicité des faux assignats de Passy; Polverel, accusateur-public près le tribunal du premier arrondissement, qui avoit été chargé de la poursuite de cette affaire, étant venu à la barre de l'assemblée constituante, pour rendre compte de l'état où se trouvoit la procédure, annonça qu'il lui étoit impossible d'aller plus loin, à moins

que l'assemblée ne décrétât qu'il n'y avoit
que le roi d'inviolable.

Cette conduite donna lieu à lui déposant
de soupçonner qu'il n'y avoit que l'accusée
dont Colleret vouloit parler, attendu qu'il
ne pouvoit y avoir qu'elle dans le cas de
fournir les fonds nécessaires à une entre-
prise aussi considérable.

Le témoin Tisset. Citoyen président, je
voudrois que l'accusée fut interpellée de
déclarer si elle n'a pas fait avoir la croix
de St. Louis et un brevet de capitaine au
nommé Laregnie ?

R. Je ne connois personne de ce nom.

N'avez-vous pas fait nommer Collot de
Verriere, capitaine des gardes du ci-devant
roi ?

R. Oui.

N'est-ce pas vous qui avez procuré au
nommé Pariseau, du service dans la ci-devant garde du ci-devant roi ?

R. Non.

Vous avez tellement influencé l'organisation de la ci-devant garde royale, qu'elle
ne fut composée que d'individus contre lesquels s'élevoit l'opinion publique ; et en
effet, les patriotes pouvoient-ils voir sans
inquiétude le chef de la nation entouré
d'une garde où figuroient des prêtres insermentés, des chevaliers du poignard, etc.
heureusement votre politique fut en défaut ;
leur conduite anti-civique, leurs sentimens

contre-révolutionnaires forcèrent l'assemblée législative à les licencier, et Louis
Capet, après cette opération, les solda,
pour ainsi dire, jusqu'au 10 août, où il
fut renversé à son tour.

Lors de votre mariage avec Louis Capet,
n'avez-vous pas conçu le projet de réunir
la Lorraine à l'Autriche?

R. Non.

Vous en portez le nom.

R. Parce qu'il faut porter le nom de son
pays.

N'avez-vous pas, après l'affaire de Nancy, écrit à Bouillé pour le féliciter de ce
qu'il avoit fait massacrer dans cette ville,
sept à huit mille patriotes?

R. Je ne lui ai jamais écrit,

Ne vous êtes-vous pas occupée à sonder
l'esprit des départemens, districts et muni-
cipalités?

R. Non.

L'accusateur-public observe à l'accusée
que l'on a trouvé dans son secrétaire une
pièce qui atteste ce fait de la manière la
plus précise, et dans laquelle se trouvent
inscrits en tête, les noms des Vaublanc, des
Jancourt, etc. etc.

Lecture est faite de ladite pièce, l'accusée
persiste à dire qu'elle ne se rappelle pas
avoir rien écrit dans ce genre.

Le témoin. Je desirerois, citoyens président, que l'accusée fut interpellée de décla-

rer si le même jour que le peuple fit l'honneur à son mari de le decorer du bonnet rouge, il ne fut pas tenu un conciliabule nocturne dans le château, où l'on délibéra de perdre la ville de Paris, et s'il ne fut pas aussi décidé que l'on feroit composer des placards, dans le sens royaliste, par le nommé Esmenard rue l'Hatrière.

R. Je ne connois point ce nom-là.

N'avez-vous pas, le 9 août 1792, donnez votre main à baiser à Tassin de l'Ftang, capitaine de la force armée des Filles St. Thomas, en disant à son bataillon : vous êtes des braves gens, qui êtes dans les bons principes, je compte toujours sur vous?

Non.

Pourquoi, vous qui avez promis d'elever vos enfans dans les principes de la révolution, ne leur avez-vous inculqué que des erreurs, en traitant, par exemple, votre fils avec des égards qui sembloient faire croire que vous pensiez encore à le voir un jour le successeur du ci-devant roi son père?

R. Il étoit trop jeune pour lui parler de cela. Je le faisois mettre au bout de la table et lui donnois moi-même ce dont il avoit besoin.

Ne vous reste-t-il plus rien à ajouter pour votre défense?

R. Hier je ne connoissois pas les témoins, j'ignorois ce qu'ils alloient déposer contre moi; eh bien, personne n'a articulé contre moi aucun fait positif. Je finis en observant que je n'étois que la femme de Louis XVI, et qu'il falloit bien que je me conformasse à ses volontés.

Le président annonce que les débats sont terminés.

Fouquier, accusateur public, prend la parole & est entendu: il retrace la conduite perverse de la ci-devant cour, ses machinations continuelles contre une liberté qui lui déplaisoit, & dont elle vouloit voir la destruction à tel prix que ce fût; ses efforts pour allumer la guerre civile, afin d'en faire tourner le résultat à son profit, en s'appropriant cette maxime Machiavélique, *diviser pour régner*, les liaisons criminelles & coupables avec les puisances étrangères avec lesquelles la république est en guerre ouverte, ses intimités avec une faction scélérate, qui étoit dévouée & qui secondoit ses vues en entretenant dans le sein de la convention les haines & les dissentions, en employant tous les moyens possibles pour perdre Paris, en armant les départemens contre cette cité; en calomniant sans cesse les généreux habitans de cette ville, mere conservatrice de la liberté, les massacres exécutés par les ordres de cette cour corrompue dans les principales villes de France, notament à Montauban, Nismes, Arles, Nancy, au Champ-de-Mars &c. &c. Il regarde Antoinette comme l'en-

nemie déclarée de la nation Françaisa, comme
une des principales instigatrices des troubles
qui ont eu lieu en France depuis quatre ans
& dont des milliers de Français ont été les
victimes, &c. &c.

On entend dans le plus grand silence
Chauveau & Tronçon Ducoudray nommés
d'office par le tribunal pour défendre Antoinette; ils s'acquittent de ce devoir avec autant de zele que d'éloquence.

Heman, président du tribunal, prend la
parole & prononce le resumé suivant:

CITOYENS JURÉ,

Le peuple Français par l'organe de l'accusateur public, a l'accusée devant le jury nationale Marie-Antoinette d'autriche, veuve de
Louis Capet, d'avoir été la complice ou plutôt
l'instigatrice de la plûpart des crimes dont
s'est rendu coupable ce dernier tyran de la
France; d'avoir eu elle-même des intelligences
avec le roi de Bohême & de Hongrie, son
frere, avec les ci-devant princes Français
émigrés, avec des généraux perfides; d'avoir
fourni à ces ennemis de la république des
secours en argent, & d'avoir conspiré avec
eux contre la sureté extérieure & intérieure
de l'état.

«Un grand exemple est donné en ce jour
à l'univers, & sans doute il ne sera point
perdu pour les peuples qui l'habitent. La nature & la raison si long-tems outragées sont
enfin satisfaites, l'égalité triomphe.

Une femme qu'environnoient naguere tou les prestiges les plus brillans, que l'orgueil des rois & la bassesse des esclaves avoient pu inventer, occupe aujourd'hui au tribunal de la nation la place qu'occupoit il y a deux jours une autre femme, & cette égalité lui assure une justice impartiale. Cette affaire, citoyens jurés, n'est pas de celles où un seul fait, un seul délit est soumis a votre conscience & a vos lumieres; vous avez a juger toute la vie politique de l'accusée depuis qu'elle est venue s'asseoir à coté du dernier roi des Français, mais vous devez sur tout fixer votre délibération sur les manœuvres qu'elle n'a cessé un instant d'employer pour détruire la liberté naissante, soit dans l'intérieur, par ses liaisons intimes avec d'infâmes ministres, de perfides généraux, d'infidèles représentans du peuple, soit au déhors, en faisant négocier cette coalition monstrueuse des despotes de l'Europe, à laquelle l'histoire réserve le ridicule pour son impuissance; enfin par ses correspondances avec les ci-devant princes français émigrés, & leurs digne agens

Si l'on eût voulu de tous ces faits une preuve orale, il eût fallu faire comparoître l'accusée devant tout le peuple Français; la preuve matérielle se trouve dans les papiers qui ont été saisis chez Louis Capet, énumérés dans un rapport fait à la convention nationale par Gohier, l'un de ses membres

dans le recueil des pieces justificatives de
l'acte d'accusation, porté contre Louis Ca
pet par la convention ; enfin, & principalement
citoyens jurés, dans les événemens politiques
dont vous avez tous été les témoins & les
juges.

Et s'il eût été permis, en remplissant un
ministere impassible, de se livrer à des mouvemens que la passion de l'humanité com-
mandoit, nous eussions évoqué devant le jury
national les mânes de nos freres égorgés à
Nancy, au champ de Mars, aux frontieres,
à la Vendée, à Marseille, à Lyon, à Toulouse,
par suite des machinations infernales de cette
moderne Médicis, nous eussions fait amener
devant vous les peres, les meres, les épouses,
les enfans de ces malheureux patriotes. Que
dis-je ? malheureux ! ils sont morts pour la liberté, & fideles à leur patrie. Toutes ces fa-
milles éplorées, & dans le désespoir de la nature, auroient accusé Antoinette de leur avoir
enlevé ce qu'ils avoient de plus cher au monde ;
& dont la privation leur rend la vie insuppor-
table. Et en effet, si les satellites du despote
Autrichien ont entamé pour un moment nos
frontieres, & s'ils y commettent des atocités
dont l'histoire des peuples barbares ne fournit
point encore d'exemple, si nos ports, si nos
camps, si nos villes sont vendues ou livrées,
n'est-ce pas évidemment le dernier résultat
des manœuvres combinées au château des
Thuileries, & dont Antoinette d'Autriche étoit

l'instigatrice & le centre. Ce sont citoyens
jurés, tous ces événemens politiques qui for-
ment la masse des preuves qui accablent Antoinette.

Quant aux déclarations qui ont été faites
dans l'instruction de ce procès, & aux débats
qui ont eu lieu, il en est résulté quelques
faits qui viennent directement à la preuve de
l'accusation principale portée contre la veuve
Capet. Tous les autres détails, faits pour servir à l'histoire de la révolution, ou au procès
de quelques personnages fameux, & de quelques fonctionnaires publics infidèles, dispa-
roissent devant l'accusation de haute trahison
qui pèse essentiellement sur Antoinette d'Autriche, veuve du ci-devant roi.

Il est une observation générale à recueillir,
c'est que l'accusée est convenue qu'elle avoit
la confiance de Louis Capet.

Il résulte encore de la déclaration de Valazé qu'Antoinette étoit consultée dans les affaires politiques, puisque le ci-devant roi vouloit qu'elle fut consulté sur un certain plan,
dont le témoin n'a pu ou voulu dire l'objet.

L'un des témoins, dont la précision et l'in-
génuité ont été rémarquables, vous a déclaré
que le ci-devant duc de Coigny lui avoit dit
en 1788 qu' Antoinette avoit fait passer à l'empereur son frere 200 millions pour lui aider
à soutenir la guerre qu'il faisoit alors.

Depuis la révolution, un bon de 60 a 80,000

liv. signé *Antoinette*, et tiré sur Septeuil, a été donné à la Polignac, alors émigrée, & une lettre de Laporte recommandoit à Septe il de ne point laisser la moindre trace de ce don.

Lecointre de Versailles vous a dit, comme témoin oculaire, que, depuis l'année 1779, des sommes énormes avoient été dépensées à la cour, pour des fêtes dont marie-Antoinette étoit toujours la déesse.

Le premier octobre, un repas, ou plutôt une orgie est ménagée entre les gardes du corps et les officiers du régiment de Flandres, que la cour avoit appellé à Versailles, pour servir ses projets Antoinette y paroît avec le ci-devant roi et le dauphin qu'elle promene sur les tables, les convives crient : vive le roi vive la reine vive le dauphin au diable la nation! Le résultat de cette orgie est que l'on foule aux pieds la cocarde tricolore, et l'on arbore la cocarde blanche.

L'un des premiers jour d'octobre, le même témoin monte au château ; il voit dans la galerie des femmes attachées à l'accusée distribuant des cocardes blanches, en disant à chàcun de ceux qui avoient la bassesse de les recevoir : *conservez la bien* ; et ces esclaves mettant un genou en terre, baisoient ce signe odieux, qui devoit faire couler le sang du peuple.

L'on du voyage connu sous le nom de Varennes, c'est l'accusée qui de son aveu, a

ouvert les portes pour la sortie du château ;
c'est e le qui a fait so tir la famille.

Au retour du voyage & a la descente de la
voiture l'on a observé s r le visage d'Antoinette & dans ses mouvemens le desir le plus
marqué de vengeance.

Le 10 Août, où les suisses du château ont
osé tirer sur le peuple, l'on a vu sous le lit
d'Atoinette, des bouteilles vuides & pleines.
Un autre témoin a dit avoir connoissace que
les jours qui ont précédé cette journée, les
suisse ont été *régalés*, pour me servir de
son expression, & ce témoin habitoit le
château.

Quelques-uns des suisses expirans dans cette
journée, o t déclaré avoir reç de l'argent
d'une femme, & p'usieur personnes ont
attesté qu'au procès de d'Affry il est établi
qu'Antoinett lui a demandé, à l'époque du
10 Août, s'il pouvoit répondre de ses suises.
Pouv xs-nous, écrivoit Ant inette à d'Affry,
compter sur vos suisses ? Feront-ils bonne
contenance lorsqu'il en sera tems

Les personnes qui, par devoir de surveillance, fréquentoient le temp'e, ont toujours
rémarqué dans Antoinette un ton e révolte
contre la souveraineté du peuple El es ont
saisi une imag représ ntant un cœur, & cette
image est un signe de ralliement d nt presque
tous les contre-revolutionaires que la ven-
gernce nationale a pu atteindre, étoient
porteurs.

Après la mort du tyran, Atoinnette suivoit au temps, à l'égard de son fils, tout l'étiquete de l'ancienne cour. Le fils de Capet étoit traité en roi. Il avoit dans tous les détails de la vie domestique, la préséance sur sa mere. A table il tenoit le haut-bout, il étoit servi le premier.

Je ne vous parlerai point, citoyens jurés, de l'incident de la conciergerie, de l'entrevue du chevalier de St.-Louis, de l'œillet laissé dans l'appartement de l'accusée, du papier piqué té donné ou plutôt préparé en réponse. Cet incident qui n'est qu'une intrigue de prison qui ne peut figurer dans une accusation d'un si grand intérêt.

Je finis par une réflexion générale que j'ai déjà eu occasion de vous présenter. C'est le peuple français qui accuse Antoinette; tous les évenemens politiques qui ont eu lieu depuis cinq années, déposent contre elle.

Voici les questions que le tribunal a arrêté de vous soumettre :

1°. Est-il constant qu'il ait existé des manœuvres & intelligence avec les puissances étrangeres & autres ennemis extérieurs de la république; les dites manœuvres & intelligences tendant à leur fournir des secours en argent, à leur donner l'entrée du territoire français & à y faciliter le progrès de leurs armées?

2°. Marie-Antoinette d'Autriche, veuve de Louis Capet, est-elle convaincue d'avoir

K

coopéré aux manœuvres & d'avoir entretenu ces intelligences ?

2°. Est-il constant qu'il ait existé un complot & conspiration tendant à allumer la guerre civile dans l'intérieur de la république ;

4°. Marie-Antoinette d'Autriche, veuve de Louis Capet est-elle convaincue d'avoir participé à ce complot & conspiration ?

Les jurés après avoir resté environ une heure aux opinions, rentrent à l'audience & font une déclaration affirmative sur toutes les questions qui leur ont été soumises.

Le président prononce au peuple le discours suivant.

Si ce n'étoit pas des hommes libres & qui parconséquent sentent toute la dignité de leur être, qui remplissent l'auditoir, je devrois peut-être leur rappeller qu'au moment où la justice nationale va prononcer la loi, la raison, la moralité leur commandent le plus grand calme ; que la loi leur défend tous signe d'approbation, & qu'une personne de quelques crimes qu'elle soit couverte, une fois atteinte par la loi, n'appartient plus qu'au malheur & à l'humanité.

L'accusée est amenée à l'audience.

Le président à l'accusée ; Antoinette, voila quelle est la déclaration du jury.

On donne lecure,

Vous allez entendre le réquisitoire de l'accusateur public.

Fouquier prend la parole & requiert que
l'accusée soit condamnée à la peine de mort
conformément à l'article premier de la Premiere section du titre premier de la deuxieme
partie du code pénal, lequel est ainsi
conçu :

« Toute manœuvre, toute intelligence
» avec les ennemis de la france, tendant soit à
» faciliter leur entrée dans les dépendances
» de l'empire françois ; soit à leur livrer des
» villes, forteresses, ports, vaisceaux, ma-
» gasins ou arsenaux appartenant à la France,
» soit à leur fournir des secours en soldats,
» argent, vivres ou munitions, soit à favo-
» riser d'une maniere quelconque les progrès
» de leurs armes sur le territoire françois,
» ou contre nos forces de terre ou de mer,
» soit à ébranler la fidélité des officiers, sol-
» dats & des autres citoyens envers la nation
» françoise, seront punis de mort. «

Et encore à l'article II de la premiere section du titre premier de la seconde partie
du même code, lequel est ainsi conçu :

» Toutes conspirations & complots tendant
» à troubler l'état par une guerre civile, en
» armant les citoyens les uns contre les au-
» tres, ou contre l'exercice de l'autorité lé-
» gitime, seront punis de mort. «

Le président interpelle l'accusée de déclarer si elle a quelques réclamations à faire sur l'application des lois invoquées par l'accusateur-public. Antoinette secoue la tête en signe de négative. Sur la même interpellation faite aux défenseurs, Tronçon prend la parole & dit: Citoyen président, la déclaration du jury étant précise & la loi formelle à cet égard, j'annonce que mon ministere à l'égard de la veuve Capet est terminé.

Le président recueille les opinions de ses collègues & prononce le jugement suivant.

Le tribunal, d'après la déclaration unanime du jury, faisant droit sur le réquisitoire de l'accusateur-public, d'après les lois par lui citées, condamne ladite Marie-Antoinette, dite Lorraine-d'Autriche, veuve de Louis Capet, à la peine de mort; déclare, conformément à la loi du 10 mars dernier, ses biens, si aucuns elle a dans l'étendue du territoire français, acquis & confisqués au profit de la république; ordonne qu'a la requête de l'accusateur-public le présent jugement sera exécuté sur la place de la révolution, imprimé & affiché dans toute l'étendue de la République.

Le visage de la condamnée n'est nullement altéré. On la reconduit en la maison d'arrêt de la Conciergerie.

Cinquieme jour de la troisieme décade du premier mois de l'an second de la République Française
une & indivisible.

A cinq heures, le rappel fut battu dans
toutes les sections ; à sept, toute la force
armée fut sur pied, des canons furent placés
aux extrémités des ponts, places & carrefours
qui se trouvent depuis le Palais jusqu'à la place
de la Révolution ; à dix heures de nombreu-
ses patrouilles parcoururent les rues de Paris,
la circulation des voitures fut interrompue
dans les rues où devoit passer la veuve Capet ; à onze heures, Antoinette est sortie de la
Conciergerie, vêtue d'un deshabillé du matin
piqué blanc. Elle monta dans la voiture de
l'Exécuteur, ayant à ses côtés un prêtre cons-
titutionel, & escortée par de nombreux dé-
tachemens de gendarmerie à pied & à cheval.

Antoinette le long de la route regardoit
indifféremment la force armée qui au nombre de
plus de trente mille hommes formoient une
double haie dans les rues où elle a passé ; et
n'apercevoit sur son visage ni abbattement
ni fierté, elle avoit l'air calme et paroissoit
insensible aux cris de vive la République, à bas
la tyrannie, qu'elle n'a cessé d'entendre sur
son passage ; en général, elle parloit peu au
confesseur, et fixoit avec une certaine indiffé-
rence les personnes qui se trouvoient aux

f nêtres, les flâmes tricolores parurent occuper son attention, dans les rues du Roule &
St.-Honoré, on remarquoit qu'elle jettoit
les yeux sur les inscriptions placées aux fron-
tispices des maisons; celle placée sur la
porte du palais de l'Ég lité ne lui échappa
point; a midi étant arrivée sur la place de
la révolution, elle tourna les yeux du côté
du jardin Nation l, ce fut alors qu'elle chan-
gea de couleur & d vint beaucoup plus pâle
qu'elle n'avoit été jusqu'alors, elle monta
ensuite sur l'é hafaud avec assez de courage;
après sa mort, l'exécuteur a montré sa tête
au peuple, au milieu des cris mille fois ré-
pétés de vive la république.

Le tout conforme au Bul-
letin du Tribunal criminel révolutionnaire.

N. PRÉVOST.

Nota. Plusieurs personnes m'ayant fait parvenir leurs desirs de trouver dans cette édition, la confession et le testament imprimés dans le procès d'Antoinette, format plus grand que celui-ci; c'est ce qui m'a déterminé à les assurer que la prétendue confession est de toute fausseté, ainsi que le testament dont il est constant qu'elle n'a fait ni l'un ni l'autre, & que par conséquent, si j'avois cédé aux desirs de ces personnes, cette édition n'auroit mérité aucune confiance.

De l'Imp. des Arts, rue Glatigny, en la Cité.

www.ingramcontent.com/pod-product-compliance
Lightning Source LLC
Chambersburg PA
CBHW071051090426
42737CB00013B/2318